AF451396

CLÉ

DU PANTOGRAPHE,

INSTRUMENT

composé de 130 dés écrits sur les **6** faces, et, qui, *expliqués et employés*,

1°. Hâtent les progrès dans la lecture, dont ils matérialisent les éléments ;
2°. Donnent un corps aux nombres, aux fractions elles-mêmes ;
3°. Et forment un *Traité complet d'orthographe*, avec les moyens faciles et récréatifs d'en acquérir la pratique,

SUR LA SIXIÈME ÉDITION

DU COURS DE LECTURE,

Par M. LEMARE,

Membre de l'Athénée des Arts, de la Société d'économie domestique et industrielle de Paris, de la Société d'émulation du Jura et de celle d'agriculture, sciences et arts de l'Aube ; inventeur du Pantographe et des Caléfacteurs ; auteur des Cours de lecture, de langue française et de langue latine, etc. ; *docteur en médecine*.

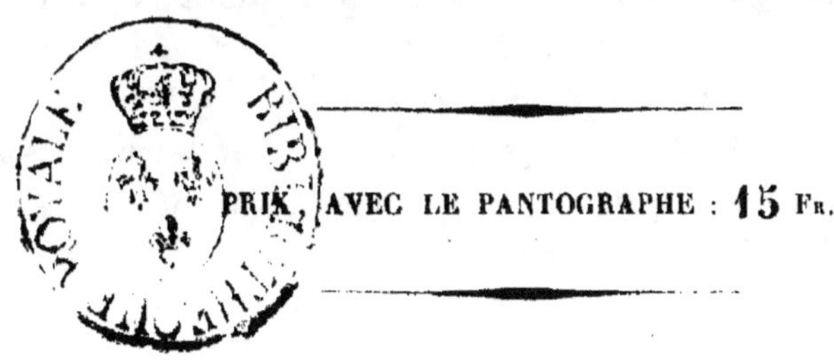

PRIX, AVEC LE PANTOGRAPHE : **15** Fr.

A PARIS,

Chez L'AUTEUR, au Magasin des Caléfacteurs, quai Conti, n°. 3.

JUIN 1829.

Ouvrages littéraires de l'Auteur.

1°. *Cours de Lecture*, 6ᵉ. édition, avec 68 planches gravées par Thompson, et 48 contes. Prix, 3 fr.

2°. Les *deux Jeux de lecture*, avec figures, à l'instar du jeu d'oie. Prix ensemble, 3 fr.

3°. Voir, d'autre part, le *Pantographe*. Prix, 15 fr.

4°. *Cours de Langue latine*, avec 4 mille exemples pris dans les auteurs, 3ᵉ. édit. Prix, 9 fr.

5°. *Cours de Langue française*, contenant plus de 5 mille exemples pris dans nos classiques. 2 vol. in-8°., 3ᵉ. édit. Prix, 18 fr.

6°. *Id.*, mais abrégé, avec des exercices chiffrés. Prix, 9 fr.

7°. *Dictionnaire français*, par ordre d'analogie, et en même temps *Dictionnaire des rimes*. 1 vol. in-8°. Prix, 9 fr.

Ouvrages mécaniques du même,

brevetés d'invention et de perfectionnement en 1823, 1826 et 1829, qui ont obtenu la médaille d'argent aux deux dernières expositions du Louvre, et l'approbation de l'Académie des sciences.

1°. *Caléfacteur de ménage*, cuisant, par une livre de charbon, de 2 à 7 plats, y compris le rôti, et conservant, *sans feu*, pendant 3, 4, 6 et 8 heures de l'eau presque bouillante pour tous les usages. Prix, 16, 22, 25 fr., etc.

2°. Les divers *Caléfacteurs-Alambics*, de bains, pour usines, la vaporisation, la distillation, etc., etc.

3°. Les *Réchauds* et *Cafetières accélérées*, les *Couvoirs artificiels*, etc.

Voir la *Notice sur les Caléfacteurs*, prix, 50 cent., où se trouvent les descriptions, prix, grandeurs et usages de tous ces appareils, à la même adresse, *quai Conti, n°. 3, au Magasin des Caléfacteurs.*

Paris, Imprimerie de Mᵐᵉ. HUZARD (née Vallat la Chapelle), rue de l'Éperon, n°. 7.

TABLE.

OMISSIONS.

Haie (une) a été omis, page 28 ; ce mot devait se trouver après *baie*.

Sans doute ,

dans un travail aussi immense, quelques autres mots auront été omis ; mais
en revanche on trouvera dans la Clé du Pantographe les noms géographiques
les plus importants, les noms propres historiques, mythologiques, les prénoms, etc.,
qu'on cherche en vain dans l'Académie, WAILLY, GATTEL, et autres semblables
lexiques.

CLÉ

DU PANTOGRAPHE.

PREMIÈRE SECTION.

PREMIER DÉ.

1re. Face, B.

babiole | d'abord
cabaret | gabarre, etc.

Le son *b* s'écrit *b*, sauf les exceptions qui seront indiquées dans les faces suivantes.

2e. Face, *b b*.

abbé | Gibbon
abbesse | rabbin
gibbeux | sabbat

sont les seuls mots où *b* se double.

3e. et 4e. Face, *br, bl*.

fibre | sable
fibrille | sablon, etc.

Les sons *br* et *bl* s'écrivent *br, bl*, et se font toujours suivre d'une voyelle.

5e. Face, *be*.

bedaine | syllabe
besace | robe (la, etc.

Le son *b* formant syllabe, soit dans le corps ou à la fin des mots, s'écrit *be*,

EXCEPTÉ

ab irato | Joab
Achab | Job
Caleb | rob (*jus dé-*
club | *puré* de plan-
Jacob | tes).

1

DEUXIÈME DÉ.

1ʳᵉ. Face, P.

papillotte	pupille
poupée	pyramide, etc.

Le son *p* s'écrit *p*, sauf les exceptions des faces suivantes.

2ᵉ. Face, *p p.*

1°. Dans les mots composés en *app*, *opp* et *supp.*

apparat,	*paraître.*
appareil,	*pareil.*
appartenir,	*part.*
appât,	*pâte.*
appeler,	*épeler.*
appétit,	*répéter.*
applanir,	*plan, planer.*
applatir,	*plat.*
applaudir,	*plausible.*
appliquer,	*plier, répliquer.*
appointer,	*pointe.*
apprendre,	*prendre.*
apprêter,	*prêt.*
approcher,	*proche.*
appuyer,	*pied.*
apposer,	*poser.*
opposer,	*poser.*
opportun,	*porter.*
oppression,	*pression.*
supplanter,	*planter.*
supplice,	*plier.*
supplier,	*plier.*
supposer,	*poser.*
supprimer,	*pression.*
supputer,	*réputer,*

et autres mots semblables, faciles à juger.

2°. appas	grippe
cippe	happer
échapper	houppe
échoppe	huppe
enveloppe	japper
frapper	mappe-monde
grappe	nappe.

3°. Alcippe,	Philippe.
Aristippe,	Xantippe.

3e. et 4ᵉ. Face, *pr. pl.*

pratique	plantation
précisiou	plante, etc.

Les sons *pr.* et *pl.* sont toujours suivis d'une voyelle; on a vu que dans les composés *apprendre*, *supplanter*, etc. le *p* se double.

5ᵉ. Face, *pe.*

pelisse	crêpe (un
pelotte	crêpe (une
pelouse	lampe, etc.

Le son *p*, fesant syllabe dans le corps des mots, comme *pelotte*, etc., ou final comme *dupe*, s'écrit *pe,*

EXCEPTÉ,

1°. Les mots *cippe*, *échoppe*, etc. Voir ci-contre le double *p.*

2°. cap (un   gap (ville)   jalap   salep.
cep de vigne   hanap (le   julep

TROISIÈME DÉ.

1re. Face, D.

dada	diadème
daube	docteur, etc.

Le son *d* s'écrit *d*, à moins d'exceptions indiquées par les faces suivantes.

2e. Face, *dd*.

Adda (rivière)	adducteur
addition	reddition *de* comptes.

3e. Face, *dr*.

drapier	cadre
dromadaire	prendre.

Le son *dr* s'écrit *dr*, et se fait suivre d'une voyelle soit dans le corps, soit à la fin des mots.

4e. Face, *de*.

demande	rade
médecin	ronde, etc.

Le *d* fesant syllabe dans le commencement, au milieu ou à la fin des mots, s'écrit *de*,

EXCEPTÉ,

ad honorès	Joad
ad patrès	Lamed
Alfred	Nemrod
Cid (le	talmud (le
David	Telliamed.

de est aussi un mot :

de qui parles-tu ?

5e. Face, *d'*.

d'abord	d'hier, etc.
d'aujourd'hui	

Le mot *de* suivi d'une voyelle ou d'une *h* nulle, s'écrit *d'*.

6e. Face, *des*.

des est ici considéré comme mot ; c'est une abréviation de *de les* ;

Le roi *des* rois, *de* tous *les* rois.

QUATRIÈME DÉ.

1re. Face, T.

tasse	tombeau
tintamarre	tontine.

Le son *t* s'écrit *t*, sauf les exceptions indiquées dans les faces suivantes.

2e. Face, *tt*.

1°. *t* se double dans les mots composés suivants :

attabler,	*table.*
attacher,	*tache (clou).*

attaquer, *tac.*
atteindre, *tanger, tangible.*
atteler, *dételer.*
attenant, *tenir.*
atterrer, *terre.*
attiser, *tison.*
attraction, *traction.*
attrait, *traction.*
attribut, *tribut.*
attrition, *triture,*

et autres mots faciles à décomposer.

2°. baratte — grattelle
batte — gratter
battre *et com-* — jatte
   posés — latte
chatte — natte
datte — patte.
flatter

3°. Voir la finale en *ette*, 9e. dé.

4°. assiettée — hottée
frottée — jattée.

5°. acquitter — *in petto.*
atticisme — pittoresque
attitude. — quitte

6°. Don Quichotte.

7°. Les substantifs féminins suivants :

botte — épiglotte
calotte — flotte
carotte — gélinotte
chenevotte — gibelotte
cotte — glotte
crotte — goulotte
culotte — hotte (la

marcotte — papillotte
marmotte — quenotte
marotte — sotte (une
menotte — trotte,
motte

et les verbes qui en dérivent, *botter,*
carotter, cotter, etc.

AJOUTEZ :

baisotter — garrotter
ballotter — gigotter
barbotter — grelotter
buvotter — gringotter
emmaillotter — jabotter
frotter — regretter.

8°. goutte | dégoutter.

Nota.
goût, fait *goûter,* *dégoûtant.*

9°. cahutte — gomme-gutte
cutter (un — lutte (une
hutte (la — lutter *contre.*

Mais écrivez :
lut, *enduit,* luter, *enduire.*

3e. Face, *tr.*

travail — diamètre
triste — quatre, etc.

On a vu dans la seconde face *attrait,*
attribut et autres mots composés, où *t*
se double.

4e. Face, *th.*

1°. *th* est initial dans les mots suivants :

thalictron — théâtre
Thalie — Thèbes
thaumaturge — théiste
thé, théière — thème

Thémis — thermolampe — épitaphe — panthéon
Thémistocle — thermomètre — éther — panthère
Thermopyles — Thersite — ethnique — parenthèse
 (les — thésauriser — éthopée — pathétique
thénar, *muscle* — thèse — Eurysthée — pathos
théocratie — Thésée — Galathée — Penthée, *roi*
théologie — théurgie — goth, visigoth — pléthore
Théophile — Thomas — hyacinthe — Penthésilée,
théorème — thon (*poisson*) — hypothénuse — philanthrope
théorie — thorax — hypothèque — phthisie
théophilan- — thrace (un — hypothèse — Pitthée, *roi*
 thrope — thuriféraire — Léthé (le — polythéisme
thérapeutique — thym — logarithme — posthume
thériaque — thyroïde — Loth — pyrèthre
thermal — thyrse. — luth, *à jouer* — Pythie
Luther — Pythonisse
lycanthrope — rhythme
menthe — Rhadamanthe
misanthrope — scythe
Mithridate — sympathie
mythologie — synthèse
ophthalmie — térébenthine
ornithologie — Timothée
orthographe — tithymale
orthopédie — zénith.
Panthée

2°. Dans le corps des mots suivants :

absinthe — athée
acanthe — Athènes
Agathe (sœur — atmosphère
althæa — authentique
Amalthée — Belzébuth
améthyste — bibliothèque
amphithéâtre — bismuth
anathème — Borysthène
anthrax — Callisthène
anthropophage — cantharide
antithèse — cathédrale
apathie — catholique
aphthe — Démosthènes
apophthegme — Dorothée
apothéose — Élisabeth
apothicaire — enthymème
arithmétique — Épiméthée
asthme — épithalame

5ᵉ. Face, *te.*

tenailles — antidote
tenir — chúte, etc.

Le son *te* s'écrit *te*, lorsqu'il fait syllabe dans le corps ou à la fin des mots,
EXCEPTÉ dans

accessit — chut !
aconit — débet

déficit	occiput	
exéat	opiat	
fat (un	rit	
granit	sinciput	
gratuit	tacet *(garder le*	
huit, le huit	transéat	
lut (un	transit	
mat	ut, re, mi.	

Il y a un *t* purement euphonique, qu'on isole par des tirets :

a-t-il faim? | *mange-t-il?*

6e. Face, *t'*.

Le son *te* est quelquefois un **mot**, comme dans *te* voilà ; mais suivi d'une voyelle ou d'une *h* nulle, *e* s'élide, et il est remplacé par l'apostrophe.

t'arranges-tu? | *t'habilles-tu?*

CINQUIÈME DÉ.

1re. Face, V.

aventure	vallée
avocat	verrou, etc.

Le son *v* s'écrit *v*, sauf les exceptions des faces suivantes.

2e. Face, *w*.

Le double *w* est une lettre étrangère.

Newski	wiski
wisk, *jeu*	witchoura.

3e. Face, *vr*.

ivre	vrai
suivre	vrille, etc.

4e. Face, *ve*.

velours	vedette
vêtu	lessive, etc.

Voir l'explication du premier dé, cinquième face.

SIXIÈME DÉ.

1re. Face, F.

fable	fifre
fanfan	fou, etc.

Le son *f* s'écrit *f*, sauf les exceptions des faces suivantes.

2e. Face, *ff*.

1°. *f* se double dans les mots composés *aff*, *eff*, *off*, *suff* et *diff*.

affable,	*fable.*
affadir,	*fade.*
affaiblir,	*faible.*
affaire,	*faire.*
affaisser,	*faix, fardeau.*
affaiter,	*faîte.*
affamer,	*faim.*
affection,	*perfection.*
affidé,	*confident.*
affiler,	*fil.*
affiner,	*fin, fine.*
affirmer,	*ferme, confirmer.*
affleurer,	*fleur.*
affliger,	*infliger.*
affluer,	*refluer.*
affranchir,	*franc.*

affriander,	*friand.*		2°. Les mots suivants :

affriander,	*friand.*
affronter,	*front.*
affubler,	latin *fibula.*
affûter,	*fût.*
diffamer,	*fameux.*
différer,	*transférer.*
difficile,	*facile.*
effacer,	*face.*
effarer,	*farouche.*
effectuer,	*confectionner.*
efféminé,	*femelle.*
effet, efficace,	*déficit.*
effeuillé,	*feuille.*
efficient,	*déficit.*
effigie,	*fiction.*
effilé,	*fil.*
efflanqué,	*flanc.*
efflorescence,	*fleur.*
effondrer,	*fond.*
efforcer,	*forcer.*
effrayant,	*frayeur.*
effréné,	*frein.*
effroi,	*frayeur.*
effusion,	*fusion.*
office, officieux,	*bénéfice.*
offrir,	*transférer.*
raffoler,	*folie.*
suffire,	*confire.*
suffoquer,	*foyer.*
suffrage,	*naufrage, fracture,*

et autres mots faciles à reconnaître.

2°. Les mots suivants :

affres (les	greffe, greffer
affreux	greffe, greffier
beffroi	griffe
biffer	griffon
buffle	hippogriffe
chiffe (une	naffe
chiffon	pataraffe
chiffre	piaffe
coffre	piffre
coiffe	rebuffade
ébouriffé	siffler
escogriffe (un	souffle
étoffe	souffrir
étouffer	taffetas
fieffé	tartuffe
gaffe	touffe
gouffre	truffe.

3ᵉ. et 4ᵉ. Face, *fr.*, *fl.*

fracas	conflit
défricher	trèfle, etc.

On a vu, face précédente, les mots en *ffr* et *ffl* comme *affronter, souffle.*

5ᵉ. Face, *ph.*

1°. *Ph* initial dans les mots suivants :

phaéton	Phébé
phalange	Phébus
phare	phénix
Pharaon	phénomène
pharisien	philanthrope
pharmacien	Philippe
pharynx	philologie
phase	philosophe

philtre, *breu-* | phosphore
vage | phrase
phlébotomie | phthisie
phlegmon | phu (du
phlogose | physique
phoque | physionomie.

2°. Dans les mots qui se terminent par le son *grafe*.

calligraphe | orthographe,
épigraphe | etc.

EXCEPTÉ :

agrafe.

3°. Dans le corps des mots suivants :

acéphale, etc. | apophyse
alpha | asphodèle
Alphée | asphyxie
amphibie | atmosphère
amphithéâtre | atrophie
Amphitryon | bibliophile
amphore | Bucéphale
anthropophage | Caïphe
aphonie | catastrophe
aphorisme | cénotaphe
aphthe | céphalique
apocryphe | Céphée
apostrophe | colaphiser
apophthegme | coryphée

diaphorétique | Morphée
diaphragme | néophyte
diphthongue | néphrétique
emphase | nymphe
emphysème | œsophage
emphytéose | Omphale
éléphant | ophthalmie
éphèbe | ophioglosse
éphémère | Orphée
épiphanie | Paphos
épiphore | paraphe (un
épiphyse | phosphore
épitaphe | Raphaël
euphémisme | saphir
euphonie | sarcophage
euphorbe | siphon
hermaphrodite | sphère
hiérophante | sphynx (le
homophage | strophe
homophónie | sophisme
hydrophobie | triomphe
ichtyophage | trophée
limitrophe | Xénophon
logogriphe | xiphoïde
lymphe | xylophage
métamorphose | Zéphire (dieu)
métaphore | zéphyr (vent).

SEPTIÈME DÉ.

1re. Face, J.

1°. Son *j* initial s'écrit *j* devant *a*, *o*, *u*, et les voyelles composées, commençant par l'une de ces lettres.

jabot | jambe

joli | joûte
joindre | jurer, etc.

EXCEPTÉ

geôle | geôlier.

2°. Devant les mêmes voyelles dans le corps des mots suivants :

acajou	goujon
bajoue	jujube
bijou	major
bijon	marjolaine
bijoutier	mijoter
Dijon	sapajou.
goujat	

2ᵉ. Face, *je.*

je ris,	jeter,
jeton,	

sont les seuls mots où le son *j* s'écrive *je*, voir la 5ᵉ. face, et le dé suivant.

3ᵉ. Face, *j'.*

j'arrive	j'habite
j'écris	j'honore.

Le mot *je*, précédé d'une voyelle ou d'une *h* nulle, s'écrit *j'*.

4ᵉ. Face, *ge.*

angevin	bergerie

déluge	genou
gelée	linge, etc.

Le son *j* formant syllabe au commencement, au milieu et à la fin des mots, s'écrit *ge*, excepté, comme on a vu, dans *je, jeter, jeton.*

ge, où *e* est euphonique.

il man*ge*a	je man*ge*ais
man*ge*ant	il man*ge*ait
man*ge*ons	man*ge*ure, etc.

Prononcez *il manjè, manjure*, etc.

5ᵉ. Face, *geu*, pr. *jeu.*

fan*geu*se	vendan*geu*se
vendan*geu*r	man*geu*r, etc.

Le son *jeu* final s'écrit *geux*.

avantageux	neigeux
courageux	outrageux, etc.

EXCEPTÉ

enjeu	jeu.

HUITIÈME DÉ.

1ʳᵉ. Face, GÉ, pr. *jé.*

congé	géographe
génisse	géranium

EXCEPTÉ

Jéhova	Jérôme
jérémiade	jésuite
Jérémie	Jésus.

2ᵉ. Face, *gè*, pr. *jè.*

aspergès	bergère

gèvres	lingère
horlogère	mégère, etc.

Le son *jè* s'écrit *gè* quand il est devant une consonne suivie du son muet, et dans les mots terminés en *ès*, comme *aspergès.*

Hors de là le son *jè* s'écrit sans accent.

Alger	geste
gerbe	gestion, etc.

Voir le son *è* 17ᵉ., 18ᵉ. et 19ᵉ. dé.

5ᵉ. Face, *gen*, pr. *jan.*

Le son *jan* initial s'écrit *gen* dans les mots suivants :

gencive	gentil
gendarme	gentilhomme
genre	gentilhom-
gendre	mière.
gentiane	

Voir, pour le son médial et le son final, les trois derniers dés.

4ᵉ. Face, *gi.*

giberne	girofle
girafe	giroflée, etc.

argyre — gymnase — gypse

EXCEPTÉ

gyrovague — hydrargyre — Stagyre.

5ᵉ. Face, *gin.*

gingembre	longin
ginglyme	sauvagin
guinguet	engin, etc.

EXCEPTÉ

gimblette — geindre, *gémir* — geindre (un.

NEUVIÈME DÉ.

1ʳᵉ. Face, G.

gabarre	gobelet
gant	grotte, etc.

1°. Devant *a, o, u,* simple ou composé, le son *g* s'écrit nécessairement *g;*

2°. Devant une consonne, *voir aussi la face suivante.*

2ᵉ. Face, *gg.*

agglomérer,	*globe.*
agglutiner,	*glu, gluten.*
aggraver,	*grave.*

Nota. Dans *sug-gérer*, le premier *g* est dur, le second se prononce *j.*

3ᵉ· et 4ᵉ. Face, *gr, gl.*

aigre	aigle
aigrir	aiglon, etc.

On a vu dans la face précédente les trois verbes *agglomérer, agglutiner, aggraver.*

5ᵉ. Face, *gu,* prononcé g.

Le son *g* s'écrit *gu.*

1°. Devant *c, é, è, i, y,* ou les voyelles composées commençant par l'une de ces lettres.

fatiguer	guinguet
gué, guet	guinguette
gui	naviguer, etc.

2°. Dans toute la conjugaison des verbes en *guer*, quoique le son *g* soit suivi d'un *a* ou d'un *o*, ou d'une voyelle composée commençant par une de ces lettres.

il navigua	je naviguais
naviguons	ils naviguaient,
naviguant	etc.

gu, pr. *g..u.*

1°. Lorsque *u* est final.

aigu	ambigu

contigu	bégu *et les*		**6ᵉ. Face,** *gue* final.
exigu	*composés.*	bègue	langue
		drogue	vogue, etc.

2°. Dans arguër, inextingu..ible, le duc de Gu..ise.

3°. Dans les mots où *u* est suivi d'une consonne :

gomme-gutte	auguste, etc.		
guttural			

Voir la face suivante.

Mais s'il y avait un *e* tréma, l'u se prononcerait comme dans

aiguë	contiguë, etc.
ciguë	

Le son *g* s'écrit *g* simple ou *gs* dans

joug affreux	Sontag
legs (un	zig-zag.

DIXIÈMES DÉS.

Nous disons *dixièmes dés,* car cette dixième rangée comprend, non pas le même dé répété trois fois, mais trois dés différents. Voir pour les dixièmes, vingtièmes, trentièmes et quarantièmes dés, la cinquième section, entièrement consacrée à la conjugaison.

DEUXIÈME SECTION.

ONZIÈME DÉ.

1ʳᵉ. Face, A.

acacia	abracadabra,
calicot	etc.

Le son *a* s'écrit *a*, sauf les exceptions des faces suivantes :

2ᵉ. Face, *â.*

1°. âcre	bât	crâpe	mâle		
âge	bâter	débâcle	mânes (les		
âme	blâme	dégât	mât		
âne	câble	démâcler	pâle		
appât	châlit	fâcher	pâmer (se		
appâter	câbrer	gâche	pâte		
âpre	châssis	gâcher	pâque (la		
bâche	châtain	gâter	pâques (à		
bâfrer	crâne	grâce	relâcher		
		hâter	râcler		
		hâle (le	râler		
		infâme	renâcler		
		lâche	tâcher		
		mâche	tâter.		
		mâcher			

2°. Les mots en a..tre.

âtre	bleuâtre
albâtre	emplâtre, etc.

EXCEPTÉ

quatre	barathre
battre, etc.	clathre
5°. qu'il man- geât	vous man- geâtes
nous mangeâ- mes	*voir les verbes.*

3°. Face, *à.*

à Paris	oui-dà
à la papa	nenni-dà
là-bas	deçà
voilà *le hic*	delà
çà et là	holà.
jà, déjà	

4°. Face, *at.*

1°. Dans les mots dérivés des verbes :

achat,	*acheter.*
appât,	*appâter.*
avocat,	*invoquer.*
	vocation.
certificat,	*certifier.*
combat,	*combattre.*
contrat,	*contracter.*
état,	*être.*
forçat,	*forcer.*
renégat,	*renier, etc.*

2°. Les mots qui ont un *t* dans les dérivés :

climat,	*climatérique.*
grabat,	*grabataire.*

prélat,	*prélature.*
réliquat,	*réliquataire.*
scélérat,	*scélérate, etc.*

3°. Dans les noms d'états, professions et dignités.

apostolat	noviciat, etc.
archiépiscopat	pontificat
baccalauréat	syndicat
doctorat	triumvirat,
économat	etc.
majorat	

4°. auvernat (vin	nougat (du
burat (du	orangeat (de l'
cédrat (du	orgeat (de l'
cérat (du	oxycrat (de l'
citronnat (du	plagiat (un
muscat (vin	résultat (un ,
	etc. ,

et autres môts exprimant des idées de résultats.

AJOUTEZ :

apostat	seringat
carat	verrat.
entrechat	

as.

Le son final *a* s'écrit *as* dans les mots qui ont un *s* dans les dérivés.

1°. altercas,	*casuel.*
amas,	*amasser.*
bas,	*basse.*
bras,	*embrasser.*
cas,	*casuel.*
chas,	*chasser.*
compas,	*compasser.*
damas ,	*damasser.*

débarras,	*débarrasser.*
embarras,	*embarrasser.*
fracas,	*fracasser.*
gras,	*grasse.*
haras (le,	*harasser.*
las, hélas,	*lasser.*
matelas,	*matelassier.*
pas,	*passer.*
ras,	*raser.*
sas,	*sasser.*
tas,	*tasser.*
tracas,	*tracasser.*
trépas,	*trépasser, etc.*

2°. Dans les mots suivants :

ananas	galimatias
appas	garas, *toile*
aurillas (*cheval*	Judas
baffetas	lilas
bourras	Lucas
cannevas	matras
cannelas	Nicolas
chasselas	platras
cervelas	repas
coutelas	sabrenas
Colas	sassafras
faguenas	taffetas
fatras	Thomas
frimas	verglas.
galetas	

as, pr. *a..ce.*

Nota. Il y a des noms en *as,* où ces deux lettres sonnent. Ce sont des noms propres, comme *Augias, Pallas,* etc.

a final s'écrit dans les mots suivants :

ah! ha!	alman*ach*
tab*ac*	ex*act*
estom*ac*	dr*ap*
cotign*ac*	sparadr*ap.*
lacs (un lacs	
d'amour)	

AJOUTEZ :

brouha*ha*	ha*ha*
cahin-ca*ha*	ipécacuan*ha.*

Hors des mots exclus par cette 4ᵉ. face, *a* final s'écrit *a.*

5ᵉ. Face, *ar.*

Les mots en *ar* sont les mots suivants :

Agar	Gaspar
Balthazar	Gibraltar
bazar	hangar (le
Bolivar	hypothénar
car	hospodar
cauchemar	instar (à l'
caviar	nectar
César	par *ici*
char	Putiphar
coquemar	thénar
czar (le	Var (le
dollar	vélar (du
Escobar	

are.

Les mots suivants sont en *are* :

are, déciare	décare
barbare	épingare
bulgare	fanfare
carrare, *mar-*	gabare
bre	gare (une
cigare (un	hectare (un

guitare — rare (c'est
Icare — Tarare !
ignare (il est — tare (la
lare (*dieu lare* — Tartare (le
mare *d'eau* — Ténare (le
myriare — tiare (la
ovipare — Tyndare
phare — vivipare.
Pindare

arre.

Les mots en *arre* :

amarre (une — carre
bagarre — marre, *houe*
barre — Pizarre
bécarre — tintamarre *et*
bizarre — composés.

arrhe.

arrhes (les — catarrhe.

Voir la face suivante :

6e. Face, *ard.*

Les mots qui ont un *d* dans les dérivés.

1°. babillard, *babillarde.*
Bernard, *bernardin.*
brocard, *brocarder.*
lézard, *lézardière.*
regard, *regarder.*
poignard, *poignarder.*
renard, *renardeau, etc.*

2°. Dans les mots suivants :

Abélard — bézoard
bard — boulevard
Bayard — boyard

brancard — Gard (le
brassard — homard (le
brouillard — hussard (le
colin-maillard — léopard
corbillard — nard
Edouard — pétard
épinard — puisard
étendard — Regnard
foulard — traquenard.
gadouard

art.

Les mots suivants sont en *art* :

art (un — cuissart
braquemart — hart (la
brocart (étoffe — part (une.

arc.

marc *d'argent* — le marc *de rai-*
au marc *la livre* — *sin.*

Mais le *c* se prononce dans mon-
sieur *Marc.*

ars.

ars (les quatre — mars, p. *ma.r.s*
épars — Thouars (ville)
gars (un — Villars
jars (un — Mars (le dieu

Les 5 faces précédentes étant connues, le son *a* s'écrit *a.*

EXCEPTÉ

1°. femme — hennir
femmelette — solennel.
indemnité

2°. Les mots suivants, où *h* est aspirée :

ha ! ah ! ahaner — hachis, hache
hâbleur — hagard

haha	hanap	haricot	hart (la
hahé	hanneton	harnais	hasard
haillon	hanouard	haro !	hase (une
haïr	happelourde	Harpagon	hâter
halbran	happer	harpe	hâve
hâle (le	haquenée	harpie	Hâvre (le.
halle (la	haquet	harpon	
hallebarde	harangue		
hallebreda	haras		
hallier	harceler		
halte	harde (une		
hamac	hardi		
hameau	hareng		
hamadryade	hargneux		

3°. Dans les mots suivants, où *h* est nulle :

habile (il est	haleine
habit	hmeçon
habiter	harmonie, *et*
habituer	*composés.*

DOUZIÈME DÉ.

1re. Face, *e.*

besace	parle
flambe	je parle
glouteron	il parle
laideron	je parlerai,etc.

Le son *e* s'écrit *e*, sauf les exceptions des faces suivantes :

2e. Face, *è.*

1°. bisaiguë | ciguë.

2°. Dans les adjectifs féminins :

aiguë	exiguë
ambiguë	suraiguë.
contiguë	

3e. Face, *es.*

1°. Dans les pluriels des substantifs et des adjectifs.

elles *sont....*belles,

bonnes ; pittoresques vues(*elles sont* figures, etc.

2°. Dans les finales des verbes, voir la conjugaison.

tu parles	vous parlâtes,
nous parlâmes	etc.

3°. Dans quelques noms propres :

Athènes	Plombières
Bruxelles	Rennes
Démosthènes	Valenciennes
Gènes	Varennes
Mézières	Versailles
Mycènes	Vincennes.
Nîmes	

4e. Face, *ent.*

ils crient	ils travaillent,
ils frémissent	etc.

Dans les 3e. personnes plurielles des verbes, le son *e* s'écrit *ent*.

aient.

Dans *ils partaient*, *ils parleraient*, on prononce *parlé*, *parleré*, l'*e* muet ne se fait point entendre.

TREIZIÈME DÉ.

1re. Face, *eu*.

bleu (du   hébreu
feu (le   jeu
feutre   enjeu , etc.
eucharistie, PR.
   ka

Le son *eu* s'écrit *eu*, sauf les exceptions des faces suivantes :

2e. Face, *eux*.

1°. Dans les adjectifs dont le féminin est *euse :*

dédaigneux,   fougueux, *fou-*
   dédaigneuse   *gueuse*
fàcheux, *fâ-*   teigneux, *tei-*
   cheuse   *gneuse,* etc.

2°. Dans les noms propres suivants :

Bayeux   Évreux.

4°. Dans le pluriel des noms en *eu :*

aveux, un aveu   pieux, un pieu,
               etc.

3e. Face, *œu*.

bœuf, PR. *beu..f*   vœu
nœud, PR. *neu*   œuvre
œuf, PR. *eu..f*   manœuvre.

Voyez, dans la 5e. face, *cœur, chœur, sœur* et *mœurs.*

4e. Face, *œ*.

œil   œillère(la dent
œillet   œillade.

prononcez eu...il , etc.

NOTA. *œ* se trouve aussi dans les mots suivants, mais s'y prononce *é.*

œcuménique   œnas, PR. *a..ce*
œdème   œsophage.
OEdipe

e, pr. *eu.*

accueil   écueil
Arcueil   orgueil
cercueil   recueil.

Cette orthographe se continue dans les composés *accueillir*, pron. *akeu...il, akeu...illir,* etc.

5e. Face, *eur*.

Dans les substantifs et les adjectifs :

danseur (un   joueur
faveur (une   saveur, etc.

EXCEPTÉ

1°. bon*heur*   mal*heur.*
heur (un grand

2°. demeure   heure
Eure, rivière   male heure (à
               la.

3°. babeurre	feurre	supérieure	meilleure
leurre (un	beurre (un.	ultérieure	mineure.
		majeure	
4°. Dans les adjectifs féminins :			
antérieure	inférieure	5°. ailleurs	plusieurs
citérieure	intérieure	6°. chœur	sœur
extérieure	postérieure	cœur	mœurs.

QUATORZIÈME DÉ.

1ʳᵉ. Face, *i.*

appui	idiot
céleri	Mississipi, etc.

Le son *i* s'écrit *i*, sauf les exceptions des faces suivantes :

2°. Face, *î.*

1°. abîme	huître
bélître	Nîmes (ville)
dîme	vîte.
dîner	

2°. Au passé des verbes dans les personnes suivantes :

nous vîmes	qu'il vît, etc.
vous vîtes	

3°. Face, *ï.*

Abigaïl	Croï (Monsieur de
Abisaï	sieur de
Ésaï, père de	Moïse
David	ovoïde
haï, j'ai haï	Sinaï (le mont
Isaïe, *prophète*	

Nota. Dans *ébahi, envahir, Spahi, trahir,* l'*h* tient lieu de tréma.

4°. Face, *ie* final.

1°. Les substantifs féminins

anarchie	étymologie
chiromancie,	mie *de pain*
PR. *ki.*	symphonie, etc.
Encyclopédie	

EXCEPTÉ :

brebis	merci (à la
fourmi	nuit (la
gagui (une	souris (une.
grosse	

2°. Les adjectifs féminins :

amie, *ami*	haïe (elle est
étourdie (elle est	jolie, etc.

3°. Les trois adjectifs suivants qui sont des deux genres :

amphibie	impie, pie.

4°. Les substantifs masculins suivants et quelques noms propres :

bain-marie	messie
génie	parapluie
incendie	Isaïe

3

(18)

Jérémie	Tobie
Malachie	Urie
Pie six	Zacharie.
Sosie	

5°. Face, *is*, pr. *i*.

1°. Les substantifs dérivés des verbes,

abattis,	*abattre.*
avis,	*aviser.*
bris,	*briser.*
coloris,	*colorer.*
coulis,	*couler.*
glacis,	*glacer.*
lacis,	*lacer.*
pâtis (un	*paître.*
semis,	*semer.*
surplis,	*plisser.*
treillis,	*treillisser, etc.*

Nota. Les verbes en *ier*, comme *dénier, crier, envier, plier*, etc.,

font :

déni	envi (à l'
cri	pli, etc.

2°. acquis, | *acquise.*

2°. acquis,	*acquise.*
anis,	*anisette.*
Denis,	*Denise.*
lis,	*fleurdelisé.*
Louis,	*Louison.*
pis,	*pessimiste.*
vis-à-vis,	*visuel,*

et autres mots où la dérivation amène un *s*.

3°. Alexis	cadis (du
buis (du	cambouis

chablis (du	pis (de la va-che
chenevis	che
cochevis	radis
dervis	rubis
hormis	salmis
jadis	salsifis
margouillis	salmigondis
mauvis	souris (une
panaris	tandis que
paradis	taudis (un
Plessis (le	torticolis
pourpris	viandis.

Le son *i* s'écrit *ils*, *its*, dans les mots suivans :

fils, *le fils aîné*	puits (creuser un.

is, pr. *i-ce.*

1°. bis	mitis, *gros chat*
de profundis	orchis, PR. *kis*
diésis	pubis (os
gratis	rachitis, PR. *ki*
lis, lychnis	unguis (l'os
maïs (du	vis, une vis.
métis	

2°. Dans quelques noms propres masculins :

Adonis	Apis (le bœuf
Agis	Damis
Amadis	Osiris
Anacharsis	Pâris, etc.

Voir le dé suivant, 1re. face, et quelques noms propres féminins.

Baucis	Genlis (ma-dame de
Briséis	
Cypris	Iris

Lachésis, PR. *ké* | Thémis
Médicis | Thétis, etc.
Némésis

ys.

Atys | Érinnys.

NOTA.

Nous rattacherons à cette 5e. face les finales *id*, *il*, *ic*, *ict*, *it*, *ist*, prononcées *i*.

id, pr. *i*.

Madrid | nid (un.
muid (un

il, pr. *i*.

baril | gentil (c'est
chenil | nombril
fénil | outil
fournil | sourcil.
fusil

ict, *ic*, *ist*, *ix*, pr. *i*.

amict, du latin *amictus*, linge d'église.
arsenic | l'antechrist
Jésus-Christ | crucifix.
cric

NOTA. *Christ*, employé seul, se prononce kri..s..t.

it, pr. *i*.

1°. acquit, | *acquitter.*
biscuit, | *cuite.*
bruit, . | *ébruiter.*
édit, | *édition.*
lit, | *litière.*
nuit, | *nuitée.*

réduit | *réduite, ré-*
 | *duction,*

et autres mots où la dérivation amène un *t*.

2°. Dans les mots suivants :

acabit | habit
appétit | hanscrit (le
bandit | obit
circuit | pissenlit.
délit

it, *ith*, etc., pron. *i..t*.

1°. accessit | introït
aconit | prurit
déficit | transit, PR.
granit | *si..te.*
huit

2°. quitte, | *quitter.*

3°. Judith | turbith.

4°. chrysolithe | lapithe
hippolithe | oolithe.

5°. scythe (un.

6°. acolyte | néophyte
Cocyte | presbyte
Hippolyte | prosélyte
lithophyte | zoophyte.

ITE.

7°. Démocrite | lévite (un
favorite (une | marmite, etc.

Telle est l'orthographe du son final *i..te*, les mots des six numéros précédents étant exceptés.

6ᵉ. Face, *y*.

Dans les mots suivants :

acolyte
Amaryllis
améthyste
Amphitryon
analyse
androgyne
anonyme
apocalypse
apocryphe
apophyse
archétype, PR.
 ké
azyme
Bathylle
béryl
borborygme
Bailly
by, *ruisseau*
bysse, *soie*
cacochyme
callipyge
Cambyse
cataclysme
Charybde, PR.
 ka
chlamyde
chrysalide
chrysolithe
Chrysostôme
chyle
Chypre
Cinyre

clépsydre
clystère
coccyx
cocyte
collyre
condyle
Corcyre (île)
corybante
coryza
coryphée
crypte
Cybèle
cycle
cygne
cylindre
cymaise
cynisme
cynoglosse
cyprès
cyprine
cytise
dactyle
dryade
dynastie
dyssenterie
Élysée
emphysème
emphytéose
empyème
empyreume
éolipyle
épistyle

érysipèle
Eschyle
gymnase
gynécée
gypse
gyromancie
Harpalyce
hémoptysie
heptapyle
hiéroglyphe
Hippolyte
homonyme
hyacinthe
hybride
hydatique
hydraulique
hydragogue
hydre
hydrocèle
hydrocéphale
hydrogène
hydrophobie
hydromel
hydropique
hyène (l'
hygiène (l'
hygromètre
hymen , PR.
 mène.
hyménée
hymne
hyoïde (l'os
hyperbole
hyperborée
hypéricum

hypocauste
hypocondre
hypocras
hypocrite
hypogastre
hypothèque
hypothèse
hypothénuse
hypotypose
hysope
hystérique
ictyophage
idylle
Itys
kyste
labyrinthe
Libye
lycantrope
lycée
lychnis, PR. *k*
lypy
lyre
Mably
martyr (un
martyre (le
moly, *plante*
monophylle
myope
myriade
myriamètre
myrobolan
myrrhe
myrte
myrtile
mystère

mythologie	rythme
néophyte	satyre (un
nyctalope	Sully
onyx	scythe
Orithye	sibylle
oxycrat	Sisyphe
oxymel	Smyrne
Palmyre	Stagyre
parenchyme	style
péristyle	styx
physique	sycophante
physionomie	sycomore
Polybe	syllabe
polype	syllepse
polytype	syllogisme
porphyre	sylphe
presbyte	sylvain
prosélyte	symétrie
Prytanée	synagogue
pseudonyme	synallagmati-
psycologie	que
Pygmalion	synode
pygmée	synovie
Pylade	synonyme
pylore	synoptique
pyramide	syrte
pyrèthre	système
pyrophore	systole
pyrotechnie	Thermopyles
pyrrhique	tithymale
pyrite	tory
pyrrhonien	Typhon
Pyrrhus	Tyr
pythie	type
pythonisse	tyran

thyrse	xylon
Ulysse	zéphyr (vent)
Wailly	zoophyte.
Velly	

Les cinq dernières faces de ce dé étant connues, on sait que, d'après l'annoncé de la 1re. face, *i*, initial, médial ou final, s'écrit *i*.

EXCEPTÉ

Dans les mots suivants commençant par une *h* aspirée, ou par une *h* nulle.

1°. h aspirée.

hibou	hie (une
hic (c'est là le	hiérarchie
hideux	hisser.

2°. h nulle.

hiatus	hippocras
hibride	Hippocrène,
hidalgo	*fontaine*
hièble	Hippodrome
hier	hippoglosse
hiérarchie	hippomane
hiéroglyphe	hippopotame
hiéron	hirondelle
hiérophante	hispanisme
hilarité	hispide
hippiatrique	histoire
hippocentaure	histrion
hippopotame	hiver.

QUINZIÈME DÉ.

1ʳᵉ. Face, *ice* final.

1°. On a vu, à la suite de la 5ᵉ. face du dé précédent *is* sonore, il fait exception à cette analogie.

AJOUTEZ

2°. bâtisse — mélisse
boutisse — métisse (une
cécropisse — Narcisse
Clarisse — pelisse
clisse — prémisse, *il y*
coulisse — *a aussi pré-*
Cyparisse — *mices*
éclisse — Pythonisse
écrevisse — réglisse (de la
esquisse — saucisse
génisse — suisse (un
jaunisse — Suisse (la
Jocrisse — tontisse.
Larisse — Mot pluriel :
lisse — Jectisses.

Hors de là, écrivez *ice.*

appendice — conciliatrice
auspice — novice
cicatrice — propice, etc.

Mots pluriels :

blandices — immondices
comices — prémices
épices — sévices.

2ᵉ. Face, *ir.*

1°. bruire — confire
circoncire — construire
conduire *et a-* — cuire
nalogues — déduire

détruire — nuire
dire *et compo-* — proscrire
sés — rire, réduire
écrire *et ana-* — séduire
logues — sourire
instruire — suffire
lire, élire, etc. — transcrire.
luire

sont les seuls verbes en ire, les autres sont terminés en ir.

2°. Les substantifs masculins suivants :

cachemire — poncire
délire — sbire
empire — sire
messire — vampire
navire — Zéphire (dieu).
oui-dire .

3°. Les noms féminins :

adipocire — mire (point de
cire — satire
Déjanire — Thémire
Épire — tire (tout
étire — *d'une*
hégire — tire-lire.

4°. L'adjectif suivant :

Pire, *c'est le* pire, *ou la* pire.
Tous les autres mots sont en *ir :*

agir — triumvir
finir — visir, etc.
soupir

3ᵉ. Face, *if* final.

canif — vif, etc.
tarif

Le son *if* s'écrit *if*,

EXCEPTÉ

dans les mots suivants :

1°. brife (une | pontife (uu.
calife (le

2°. escogriffe | hippogriffe.
griffe

3. Caïphe |

4°. Face, *ique*.

bachique | séraphique
Dominique | juridique, etc.

Le son *i* final s'écrit *ique*,

EXCEPTÉ dans

1°. agaric | Alaric
alambic | aspic

basilic | pronostic
Copernic | public (le)
Frédéric | ric-à-ric
hic (c'est le | syndic.
mastic

On a vu, dans le dé précédent, que *ic* se prononce *ic*, dans *arsenic*, etc.

2°. district, PR. | Dantzick
distrike | Leipsik
strict, PR. *strike* | Wandick.
Mastricht

5°. et 6°. Face, *qui*, *que*.

Ce sont deux mots comme dans

qui *es-tu ?* | que *dis-tu ?*

Ce sont aussi des parties de mots *que note*, *quinola*.

SEIZIÈME DÉ.

1re. Face, *é*.

défilé | créé (il est
éphéméride | récréé, etc.
été (j'ai

Le son *é* s'écrit *é*, sauf les exceptions des faces suivantes :

2e. Face, *ée*.

Dans les substantifs féminins :

assiettée | hottée
charretée | jattée
frottée | pelletée.

aiguillée | cuillerée
année | denrée
couvée | pensée, etc.

Voir aussi à la fin de la 5e. face,

EXCEPTÉ

1°. dans les mots suivants :

amitié | pitié
moitié | été (un.
inimitié

2°. qualité | vérité,
mendicité

et autres substantifs féminins terminés en *té*, marquant une idée de qualité.

3°. Les noms propres féminins en *a é, o é :*

Aglaé | Astarbé
Danaé | Champmêlé
Pasiphaé | (la
Arsinoé | Circé
Chloé, Zoé, etc. | Daphné
et les suivants : | Déiphobé

Dioné	Progné
Dircé	Psyché
Églé	Sémélé
Hébé	Thébé, *femme de Mars*
Lalagé	
Niobé	Thisbé
Phébé	Zulmé.

3°. Face, *ez.*

1°. assez | rez-*de-chaus-*
chez moi | *sée*
nez | sonnez, *double six.*

2°. Les secondes personnes plurielles, comme :

Parlez, *si vous* voulez.

ez sonore, pr. *è–ce.*

Alvarez	Suarez
Aranjuez	Suez, isthme.
Rhodez	

4°. Face, *er.*

1°. Dans les infinitifs terminés par le son *é* :

je voudrais,
je devrais,
je pourrais,
je saurais

danser	jouer
étudier	manger , etc.

2°. Dans les noms d'états, professions et dignités :

boulanger	financier
chancelier	gargotier, etc.
épicier	

3°. Dans les noms d'arbres :

amandier	cerisier
pêcher	pommier, etc.

4°. acier | cellier
aiguillier | étrier
bénitier | pigeonnier,

et autres substantifs masculins terminés par le son *ié*,

EXCEPTÉ

pied	trépied, *et autres compo-*
plain-pied	
trépied	*sés.*

On a déjà vu *amitié, inimitié, moitié, pitié.*

5°. Les mots qui, terminés par le son *é*, ont un *r* dans les dérivés :

bocager, | *bocagère.*
franger, | *frangère.*

6°. Les mots suivants :

bûcher	rucher
clocher	verger.
rocher	

NOTA. Les mots suivants sont en *ers* :

Angers (ville) | Louviers (ville),
Brinvilliers (la | etc.
| volontiers.

5°. Face, *ai*, pr. *é.*

1°. je parlai { je parlerai,

et dans les mêmes temps et mêmes personnes de tous les verbes.

2°. AJOUTEZ :

j'ai.

Hors de là , le son *é* ne s'écrit jamais par *ai* : dans *je buvais, il buvait,* on prononce *é.*

Il n'y a que dans *je sais, tu sais, il sait, je vais,*

où le son *é* se peigne par *ais, ait.*

~~~~~~~~

Ces cinq faces étant connues, on est assuré que le son *é* s'écrit *é,*

EXCEPTÉ :

1°. Le mot *et ;* Paul *et* Luc

2°. Les noms propres d'hommes :

Juda Machabée	Pompée
Mardochée	Protée
Morphée	Pitthée
Orphée	Théséé, etc.

3°. Dans les noms suivants :

athée	empyrée
apogée	hypogée
Athénée	hyménée
colysée	Musée
coryphée	périnée
élysée	pygmée

Prytanée | trophée.

4°. Dans les mots suivants, commençant par une *h* aspirée :

hé !	hérisson (le
hélas	héron
héler	héros
hérissé	héraut d'armes

5°. Dans les mots suivants, commençant par une *h* nulle.

héberger	hémine
hébété	hémisphère
hébraïque	hémorrhagie
Hécate	hémorrhoïdes
hécatombe	hérétique
hégire	Hérode
hélianthène	héroïde
hélice	héroïne
hélicon	hésiter
héliotrope	hétérodoxe.
hématite	

DIX–SEPTIÈME DÉ.

1re. Face, è.

PREMIÈRE GRANDE ANALOGIE.

cède, je cède	cèdre
tu cèdes	règle, etc.
ils cèdent	

A moins d'exceptions dans le reste du dé et les deux suivants, le son *è*, suivi d'une consonne accompagnée d'une voyelle muette *e, es, ent,* s'écrit *è.*

Il s'écrit aussi *è* dans la même circonstance, quoiqu'il soit suivi de deux consonnes, dont la seconde est l'une des deux liquides *l* ou *r,* comme dans *règle, cèdre.*

DEUXIÈME GRANDE ANALOGIE.

effectif	erreur
essai	ermite
effort	exergue
esprit	exemple, etc.

Le son *è* s'écrit *e,* sans accent, lorsqu'il est suivi d'une consonne redoublée ou de deux consonnes différentes, dont la seconde n'est ni *l* ni *r.*

NOTA. *x* équivaut à deux consonnes.

Cette règle, de même que la précédente, ne peut être appliquée avec sûreté que lorsqu'on connaît les faces suivantes, ainsi que le 18e. et le 19e. dé.

4
~~~~~~~~

2ᵉ. Face, *é.*

acquêt	frêne
alêne	gêne, gêner
ancêtre	genêt
apprêt	grêle (il est
arrête	grêler, grêle
arrêt	guêpe
bêler	guêtre
benêt	hêtre (le
Bicêtre	hippocrêne
blême (il est	honnête
brême (de la	intérêt
Brême	même (le
campêche (bois	mêler
de	pêne de la ser-
carême	rure
champêtre	pêle-mêle
chêne	pêcher (un
chevêtre	prêle (de la
chrême (le	prêt
saint	prêter
conquête	prêtre
crêpe (un	protêt
crêpe (une	quête
crête (une	rênes, *tenir les*
dépêtrer	*rênes*
empêcher	salpêtre
être, *vous* êtes	tempête
évêque	tête
fêler	têt
fenêtre	vêler
fêter	vêtir
forêt (une	vêpre (bon
frêle	vêpres (les

3ᵉ. Face, *ei.*

1°. baleine	seigle (du
beige (laine	seime *du che-*
beignet (un	*val*
Beiram	Seine (rivière)
empeigne une	seize, seizième
enseigne	sereine, *séré-*
enseigner	*nité*
haleine	teigne (la
neige, neiger	treize, trei-
peigne, peigner	zième
pleine, *pléni-*	veine
tude	veineux
reine, *régner*	verveine.
reitre (un pau-	
vre	

2°. Les personnes des verbes en *eindre*, où se fait entendre le son *è :*

ceigne (qu'il	de *ceindre*
peigne (que je	de *peindre.*

Voilà tous les mots où le son *è* s'écrit *ei.* Nous rapporterons à cette face les mots suivants :

Belley (ville)	Guernesey (île)
bey	Jersey (île)
dey d'Alger	Leyde (ville)
Ferney	Sidney.

et les verbes

grasseyer	langueyer.

4ᵉ. Face, *ai.*

1°. Dans les mots qui ont un *a* dans les dérivés :

aigle,	*aquilin.*
aigre, aigrette,	} *acuité.*
aigu,	

aiguière,	*aqueux.*	laisser,	*lâcher.*
aile,	*alérion.*	lait,	
aimer,	*amour.*	laiteux,	} *lactée.*
air,	*aéré.*	laitue,	
aire,	*aréole.*	mai,	LAT. *maïus.*
aisselle,	*axillaire.*	maigre,	*macérer.*
baigner,	*bagne.*	maire,	*maïeur, majeur.*
baiser,	*base.*	maître	*magister.*
braise,	*brasier.*	migraine,	*mi-crâne.*
caisse,	*cassette.*	naine, nain,	LAT. *nanus.*
chair,	*charcutier.*	paisible,	
châtaigne	*castagnette.*	paix,	} *pacifier.*
claie,	*clavier.*	paisson,	
clair,	*clarté.*	paître,	} *pâture.*
daine,	LAT. *dama.*	plaider,	
domaine,	*domanial.*	plaid,	} *placet.*
faîne,	LAT. *fagina.*	plaine, plain,	*plan, planer.*
faire,	*facture.*	prairie,	LAT. *pratum.*
faisan,	LAT. *phasianus.*	raie,	*râcler, raturer.*
faisceau,		rainure,	*râcler.*
faix,	} *fascine.*	raiponce,	LAT. *rapunculus.*
flair, flairer,	*flacon, flagrant*		
fontaine	*fontanelle.*	raire,	LAT. *radere.*
frai,	*frayer, fracture.*	raisin,	LAT. *racemus.*
		raison,	*ration.*
fraise,	LAT. *fraga.*	saigner,	*sang.*
gai,	*gaillard.*	saisir,	*sas, sasser, sac.*
glaire,	LAT. *glarea.*	taire,	*tacite.*
glaive,	*glaïeul, gladiateur.*	traire,	
		trait,	} *traction.*
graisse,	*gras.*	traîner,	
graine,	*granuliforme.*	traître,	*trahir, tradition.*
haine,	*ha..ir.*		
lai,	*laï..que.*	vair, vairon,	*varié.*
laine,	*lanice, laine.*	vinaigre,	

2°. Les substantifs dérivés des verbes, en cette sorte :

balai,	*balayer.*
déblai,	*déblayer.*
essai,	*essayer.*
frai,	*frayer, etc.*

3°. démangeai- | inclinaison
 son | maison
fenaison | raison

et autres mots de cette finale.

4°. centaine	soixantaine
dizaine	trentaine
neuvaine	vingtaine

et autres semblables.

5°. aubaine	germaine
certaine	vaine

et autres adjectifs féminins dérivés de ceux en *ain, certain, aubain, germain, vain.*

6°. aunaie, *lieu planté d'aunes ;* boulaie, *lieu planté de bouleaux ;* saussaie, etc.

7°. baie	laie (une
ivraie	plaie

et autres substantifs féminins en *è–e.*

8°. anglaise,	*anglais.*
française,	*français.*
mauvaise,	*mauvais*

et autres mots où la dérivation amène un *s.*

9°. Les verbes suivants et leurs composés :

connaître	paraître
naître	paître.

10°. Les mots suivants :

aider	fadaise
aimant (de l'	faîte
aine	Fénaigle
aîné	fredaine
airain	futaine
aise, aisé	geai (un
bai (poil	glaise (terre
bedaine	haire (la
blaireau	laîche (de la
blaise	laiton
brai (du	marjolaine
bréhaigne	marraine
calembredaine	misaine
capitaine	mitaine
chaîne	mortaise
chaire	quai
chaise	quaiche
cymaise	raifort
daigner	virelai
écraigne	vinaigre
euphraise	vrai (c'est

Voir, face 5e. et 6e., les finales *ais* et *ait.*

5e. Face, *ais.*

1°. je buvais	je boirais
tu buvais	tu boirais

et autres personnes semblables.

Il n'y a que

je sais	je vais, où *ais*
tu sais	et *ait* se pro-
il sait	noncent é.

2°. Les mots suivants :

ais (un	Dumarsais
dadais (un	frais, fraîche
désormais	jais, jaïet

jamais	panais
laquais	pouais !
mais	Rabelais
marais	rais, rayon
ouais !	Segrais.
palais	

Rattachez à cette finale

faix, fardeau	paix !

Nota. Aix, *ville*, se pr. *è..ce*.

6e. Face, *ait* final.

1°. il buvait	il boirait

et autres personnes semblables de ces deux temps.

2°. *Qu'il ait soin de lui*.

AIENT

au pluriel, dans les mêmes circonstances, on écrit *aient* ; on prononce *é*.

ils buvaient	qu'ils aient,
ils boiraient	PR. *é*.

3°. lait,	*lactée*.
souhait,	*souhaiter*.

4°. Fait, *faite* et composés :

bienfait	abstrait, *abs-*
forfait	*traite*
satisfait, etc.	attrait
trait *et compo-*	distrait
sés	extrait
	portrait, etc.

AID.

Il n'y a que *laid*, d'où *laide*, *laideron*, *plaid*, *plaids*, *être aux plaids*, d'où *plaider*.

DIX-HUITIÈME DÉ.

1re. Face, *ès* final, PR. *è*.

1°. abcès,	*abcéder*.
accès,	*accéder*.
congrès,	*progressif*.
décès,	*décéder*.
excès,	*excédant*.
près,	*presser*.
procès,	*procéder*.
profès,	*professer*.
succès,	*succéder*, etc.

2°. cyprès, | grès.

ès, prononcez *è..ce*.

1°. aloès	honorès (ad
aspergès	kermès
florès (*faire*	patrès (ad

et les noms propres :

Agnès	Palès
Cérès	Périclès
Damoclès	Thalès
Hermès	Verrès, etc.

Voir *esse*, 5e. face, du 19e. dé.

2e. Face, *el*, *elle*.

Voir le 21e. dé, 2e. Face, page 35.

3ᵉ. Face, *eil* final.

Dans les substantifs et adjectifs masculins :

appareil	pareil
chepteil	soleil
conseil	sommeil
éveil	vermeil
méteil	vieil homme,
orteil	etc.

EXCEPTÉ

Corneille , *nom propre* ,
Et les mots composés suivants :

claque-oreille	porte-feuille
cure-oreille (un	vide – bou-
chèvre-feuille	teille, etc.
perce-oreille	

NOTA. Dans *accueil, cercueil, recueil, orgueil*, EIL se prononce *eu–il ;* œil se prononce aussi *eu–il.*

4ᵉ. Face, *eill*.

Dans le corps des mots :

appareiller	conseillant ,
conseiller	etc.

A la fin des mots féminins :

abeille	oreille
corneille (une	vieille, etc.

5ᵉ. Face, *er*, PR. *è..re*.

1°. Dans les trois adjectifs suivants :

amer, AU FEM., *amère.*
cher, *chère.*
fier, *fière.*

2°. Dans les substantifs suivants :

belvéder	cathéter
cancer	cuiller (une

cutter (un	magister (un
enfer	mer océane
éther (de l'	messer
fer (du	outremer
frater (un	pater (un
gaster (le	quaker , PR.
hier	*koua*
hydropiper	sphincter
kirschwasser	ver à soie.
kreutzer	

3°. Dans les noms propres :

Abner	Lucifer
Alger	Luther
Esther	Scaliger , etc.
Jupiter	

er dans le corps des mots

ermite	erreur
permis ·	perte
servir	vertu, etc.

er , sans accent, ne peut se trouver au commencement ou au milieu des mots, sans être suivi d'une consonne.

ERR , ERRE.

Angleterre	lierre (du
Auxerre	Nanterre
desserre (dur à la	parterre
équerre	pierre (une
erre , errer	Pierre (Saint
ferrer	serre (une
fumeterre (de la	terre , terrain
guerre (la	atterrer
	tonnerre
	verre (du

ers final.

Anvers (ville)	Gers (rivière)
ers, *légume*	Nevers (ville)
tiers, AU FÉM.	pers, *couleur*
tierce	pervers
couvers	revers
devers moi	travers
divers	univers
envers	vers *le soir*

ert final.

désert,	*déserte.*
expert,	*experte.*
couvert,	*couverte.*
offert,	*offerte.*
souffert,	*soufferte.*
vert,	*verte.*

ÈRE.

1°. Dans les mots en *yère*,

bruyère	toyère
cloyère	tuyère, etc.

2°. Dans les mots en *ière*.

bannière (la	arrière
bière (la	derrière, etc.
cimetière (le	

EXCEPTÉ les mots suivants :

auxiliaire	(contribution
biliaire	nobiliaire
bréviaire	(caste
herniaire	pécuniaire
incendiaire	plagiaire
intermédiaire	stagiaire
judiciaire	stipendiaire
miliaire	vendémiaire
mobiliaire	vestiaire.

3°. Dans les mots dont les dérivés ont un *é*, ou sont terminés en *er* :

adultère,	*adultérin.*
austère,	*austérité.*
bergère,	*berger.*
cautère,	*cautériser.*
commère,	*commérage.*
clystère,	*clystériser.*
mystère,	*mystérieux.*
pestifère,	*pestiféré* et autres mots en *fère.*
presbytère,	*presbytéral.*
sphère, *et composés,*	*sphérique.*
vipère,	*vipéreau.*
viscère,	*viscéral*, etc.

4°. Les mots en *stère* :

décistère	stère, *et composés.*
monastère	

5°. Les mots suivants :

anthère	œillère (dent
cratère (un	panthère
crémaillère	patère (une
délétère	primevère
fougère	scorsonère
Madère (île)	urétère.
Mégère	

Hors de ces cinq cas, le son *é-re* s'écrit :

AIRE.

abécédaire	déplaire
actionnaire	distraire
dictionnaire	plaire

| expédition-
naire
précaire | soustraire
traire
taire, etc. |

6e. Face, *es*, pr. *è*.

es final.

tu es	mes *gens*
ces, ces *livres-là*	ses *gens à lui*
des	tes.
les	

Il n'y a que ces sept mots, où *es* final et fesant un mot, se prononce *è*.

Ailleurs, c'est un son muet, comme dans *pommes*, tu *parles*, etc.

INTÉRIEUR,

es, pr. *è*..*s*.

Pour se prononcer ainsi, il a besoin d'être suivi d'une consonne, comme dans

| esprit
escroc
esquif | essor
essence, etc., |

EXCEPTÉ

1°. Dans quelques mots précédemment jugés ;

2°. Dans les mots suivants, où *es* est suivi d'un *c*, où ces trois lettres se prononcent comme s'il y avait un double *ss*.

adolescent	incandescent
alcalescent	intumescent
convalescent	lactescent
déliquescent	marcescent
effervescent	pubescent
efflorescent	quiescent.

DIX-NEUVIÈME DÉ.

1re. Face, *et* final.

alphabet	aigrelet
auget	muet
archet	fluet, etc.

Le son *è* final s'écrit *et* dans les cas non déjà jugés par le dé précédent,

EXCEPTÉ

| mets (un | rets (un. |

NOTA. On a vu que le mot *et*, comme dans *Paul* et *Luc*, se prononce *é*.

et, pr. *è*..*t*.

| débet | tacet (garder le |

eth, et *ept*.

| Seth
Élisabeth | sept *volumes,*
PR. *sè*
ils sont sept,
PR. *sè...te*. |

2. Face, *ette* final.

| 1°. Annette
Jeannette | coquette
muette, etc., |

et autres substantifs et adjectifs féminins non précédemment jugés,

EXCEPTÉ

| discrète, | *discret*, | *discrétion*, |
| complète, | *complet*, | *compléter*, |

inquiète, *inquiet,* *inquiétude,*
secrète, *secret,* *sécrétion.*
Centripète, *mouvement.*

2°. Les substantifs suivants :

Admète, *roi*	comète
arbalète	épithète
anachorète,	interprète
PR. *ko*	prophète
athlète	

3e. et 4e. Faces, *elle, elles.*

Voir la page 35.

5e. Face, *esse.*

1°. Le substantif masculin suivant :

Permesse (le , *fleuve.*

Les autres substantifs masculins terminés par le son *ès,* sont :

Boèce	Végèce ,

et ceux comme *aloès,* etc., 1re. face du
dé précédent :

2°. Les mots féminins :

aînesse	fesse (une
ânesse	hautesse
altesse	hôtesse

prêtresse	vesse *de loup,*
tendresse	etc.
tigresse, etc.	

EXCEPTÉ

vesce, *légume.*

espèce	nièce
Grèce (en	pièce.
Lucrèce	

et le mot pluriel fèces, d'où *fécal,*
fécale.

6c. Face, *est.*

Il *est* riche , PR. *ê.*

est se prononce *è...s...te* dans les mots
suivants :

Brest	Saint-Priest
est, à l'est	test (serment
sud-est	du
lest (le	zest, *entre le*
ouest	*zist et le zest.*
Pest (ville)	

NOTA. Le *zeste* du citron ou de la
noix se termine par un *e* muet.

VINGTIÈME DÉ.

Il comprend les finales du singulier de tous les verbes ; voir la cinquième
section, où sera traitée toute la conjugaison.

TROISIÈME SECTION.

VINGT-UNIÈME DÉ.

1ʳᵉ. Face, *l.*

almanach	merlan
lilas	olivier, etc..

Le son *l* s'écrit *l*, sauf les exceptions des faces suivantes.

2ᵉ. Face, *ll.*

1°. Dans le corps des mots composés suivants :

allaiter,	*lait.*
allécher,	*lacer, lacs.*
alléger,	*léger.*
alléguer,	*léguer.*
allier,	*lier.*
allocution,	*locution.*
allonger,	*long.*
allouer,	*louer.*
allumer,	*lumière.*
allusion,	*éluder.*
alluvion,	*lave.*
collaborateur,	*labeur.*
collatéral,	*latéral.*
collation,	*relation.*
collège,	*légende.*
collègue,	
colliquatif, ᴘʀ. *koua*,	*liquéfier.*
collision,	*lésion.*
colloque,	*locution.*
collusion,	*éluder.*
illégal	*légal.*

illégitime,	*légitime.*
illettré,	*lettré.*
illitteré,	
illuminé,	*lumière.*
illusion,	*préluder.*
illustre,	*lustre.*

2°. Dans les mots épars suivants :

allégorie	collet	palladium
alléluia	collier	pallier
allemand	colline	pallium.
aller	collyre	parallèle
alliage	congellation	pellicule
Allobroge	corallin	pollen
Apollon	distiller	polluer
axillaire .	ébullition	Pollux
baller	ellébore	pulluler
ballet	ellipse	sceller
ballot	équipollent	seller
Bellérophon	fallacieux	scintiller
belligérant	falloir	solliciter
bellot	folliculaire	stellionat
billion, tril-	hallebarde	syllabe
lion, etc.	hallebreda	syllogisme
calligraphie	hallier	synallagma-
calleux	helléniste	tique
Calliope	instiller	titiller
Camille	lilliputien	vaciller
canceller	malléable	vallée
cantillation	malléole	vallon
capillaire	ollaire	velléité
cavillation	(pierre	village
cellier	oscillation	Villaret.
cellule		

(35)

ll, dans la finale.

1°. balle (une
espringalle
faimvalle
galle (*noix de*
halle (la

intervalle (un
salle (une
stalle
taller.

Dans les substantifs masculins suivants :

2°. Arrondell
Bell
Cromwell
Gall (docteur

Kell
Tell (Guillaume.

~~~~~

bill (un

~~~~~~~

Antonelle
Apelle
Aulu-gelle
Columelle
Fontenelle
granitelle

gravelle (la
Jodelle
libelle
pédicelle
vermicelle (du
violoncelle,

et les trois adjectifs suivants, qui sont de deux genres.

femelle
rebelle

spinelle (rubis.

Dans les substantifs et les adjectifs féminins :

aisselle
chandelle
elle
écuelle

cruelle
mortelle
réelle (*chose*,
etc.

EXCEPTÉ

Babel | Jésabel | Rachel.

~~~~~ ~~~~~

Adèle
brèle

cantèle
clientèle

cybèle
garganièle

grèle
frèle
hydrocèle

loquèle
parallèle
(une

parentèle
Philomèle.

3°. Achille
calville
Camille
campanille (la
codicille (un
codille
fibrille (une
gille
imbécille
Lille (ville
mille (1000)
mille (*deux
mille*
Pérille

pupille
smille
squille
tranquille
ville etc.
Séville
sébille
volatille (une

~~~~~~

idylle
monophylle ,
etc.
sibylle.

4°. Dans les mots suivants :

bouterolle
chrysocolle
colle
flammerolle
folle (elle est
fuserolle
ichtyocolle
lithocolle

molle (elle est
moucherolle
(un
muserolle
péterolle
pétrolle
tavaïolle
tignolle.

5°. Dans les mots suivants :

bulle
Catulle
cuculle, *capuchon*
Luculle , *lucullus*

nulle (chose
Raimond-
Lulle
Tibulle

L final.

Le son *l* final, s'écrit par

$$\left.\begin{matrix} ll \\ lle \end{matrix}\right\}$$ voir la face précédente.

l, ou *le*.

L.

1°. Dans les substantifs et les adjectifs masculins :

amiral	banal
caporal	vital, etc.

EXCEPTÉ

astragale	dédale	pétale
Bengale	hâle (le	râle
bubale	Héliogabale	régale
Bucéphale	mâle	sale (il est
cannibale	Ménale	trale, *oiseau*
Céphale, etc.	ovale	scandale
crotale	pâle	vandale

2°. Dans les substantifs et adjectifs masculins :

dégel	sensuel
miel	universel
sel	véniel, etc.

EXCEPTÉ

asphodèle	isocèle	Marc-Aurèle
(lis	modèle	sarcocèle ,
érysipèle	praxitèle	etc.
fidèle (il est	parallèle (un	zèle.

3°. Les substantifs et les adjectifs suivants :

alguasil	fil
Brésil	grémil
cil	il
civil	mil, l'an mil
exil	morfil

Nil	tortil
pistil	vil
profil	viril
sextil	volatil (c'est
sil , *terre*	‿‿‿‿‿
subtil	Abigaïl.

Voilà les seuls mots terminés en *il*.

Béryl, pierre précieuse, est le seul en *yl*.

4°. alcohol	girasol
bémol	licol
bol	Mogol
capiscol	parasol
caracol	sol (le
col	sol, la, si, ut
convol	tournesol
dol	viol
entre-sol	vitriol
espagnol (un	vol d'oiseau
Ferréol (Saint	vol, larcin
fol (un fol es-	
poir	

Voilà les seuls mots en *ol*.

5°. capitoul	Stamboul
Frioul	Toul
Raoul de Couci	Vesoul

sont les seuls mots terminés en *oul*.

6°. accul	Patkul
calcul	recul
consul	Saül.
nul	vice-consul
Ogul	

3ᵉ. Face , *le*.

boule	monticule
concile	toile
difficile	ustensile
frivole	utile, etc.

Le son *le* final s'écrit *le*, à moins d'exceptions précédentes.

4ᵉ. Face , *l'*.

l'as-tu vu,   *l'idiot?*
l'as-tu vue,   *l'idiote?*
l'habilles-tu,   le *cousin?*
l'habilles-tu,   la *cousine?*

la, le, suivi d'une voyelle ou d'une *h* nulle, s'écrit *l'*.

5ᵉ. Face , *il*.

Nota. Il s'agit dans toute cette face et la suivante du son *l*, mouillé, comme dans *a..il.*

Final.

il mouillé dans les substantifs et les adjectifs masculins.

1°. ail	émail
attirail	poitrail
bétail	éventail, etc.

2°. appareil	pareil
nonpareil	soleil
orteil	sommeil, etc.

Corneille, *nom propre masc., est le seul excepté.*

Nota. *Eil,* se prononce *eu..il* dans les mots suivants et les dérivés :

accueil	cercueil	orgueil
recueil	écueil	œil.
Arcueil		

3°. cerfeuil	fauteuil
deuil	seuil
écureuil	treuil.

4°. Fenouil, *seul mot masculin de cette sorte.*

5°. avril, pr.	grésil
avri..il	gril (un
Brésil	mil, millet
gentilhomme	péril,

sont les seuls substantifs masculins de cette sorte.

Nota.

Dans *avril,* un *brillant,* une *grille,* le son de *l* mouillé n'est pas représenté par *il, ill,* mais seulement par *l* ou *ll;* car *l* se prononce avec la consonne qui précède *avri..l, bri..llant.*

6ᵉ. Face , *ill, ille.*

I. Dans le corps des mots

le son *l* mouillé s'écrit toujours *ill* ou *ll.*

bataillon	fillette
appareiller	brillant, etc.
feuilleter	

Voir la remarque qui termine la face précédente.

II. *ille* final.

bataille	fille
treille	brille (*il,* etc.
feuille	brilles (tu
fouille	brillent (ils

Il en est de même de tous les mots féminins et les formes des verbes qui se terminent par le son de *l* mouillé.

AJOUTEZ

Les substantifs masculins

Corneille, *déjà* cité	drille (un mascarille	quadrille soudrille spadille verticille	gribouille niquedouille (un

---

VINGT-DEUXIÈME DÉ.

1re. Face, M.

marmite	murmure
microscope	myrmidon

Le son *m* s'écrit *m*, sauf les exceptions des faces suivantes.

2e. Face, *m m*.

1°.

abondamment	savamment
évidemment	violemment, etc.

et autres invariables en *ment*, dérivés des adjectifs en *ant* et *ent*.

AJOUTEZ :

comment	incessamment.

2°. Dans les mots composés suivants :

assommer,	*somme.*
commander,	*mander.*
commensal,	*mense.*
commenter,	*mention.*
commerce,	*mercier.*
commère,	*mère.*
commigration,	*migration.*
comminatoire,	*menace.*
commode,	*mode (un.*
commotion,	*motion.*
commuer,	*muer.*
commun,	*munir.*
commutation,	*mutation.*
consommer,	*somme.*

NOTA.

Dans *emmener* et autres mots composés semblables

Les deux premières lettres se prononcent *an*, de sorte que *emm* renferment deux sons différents, savoir le son *an* et le son *m*.

immaculé,	*maculé.*
immangeable,	*manger.*
immarcessible,	
immatériel,	*matière.*
immatriculé,	*matrice.*
immédiat,	*médiat.*
immémorial,	*mémoire.*
immense,	*mesure.*
immersion,	LAT. *mergere.*
immeuble,	*meuble.*
imminent,	*menace.*
immiscer,	*mixture.*
immobile,	*mobile.*
immodéré,	*modéré.*
immoler,	*meule, môle, moudre.*
immonde,	*monde.*
immortel,	*mortel.*

immuable,   *muable.*
immunité,   *munir.*

3°. Les mots suivants :

amman   Emma
ammeistre   Emmanuel
Ammon   mammaire ,
ammoniaque   mais on écrit
commencer   *mamelle*
dommage   sommet

II. *mme* final.

1°. flamme   kilogramme
gamme   monogram-
gramme   me, etc.

2°. Femme, d'où femmelette.

dilemme   gemme (sel
lemme

3°. comme   pomme
commer   somme (un
gomme   somme (une
homme   somme (je te

3°. Face, *me final.*

âme   enclume
crime   rhume
dôme   terme, etc.

Me final s'écrit *me*, excepté :

1°. Dans les mots mentionnés à la face précédente ;

2°. Dans

Abraham   Bukingham
Amsterdam   Ham (le
Balaam (l'âne Jéroboam
de   Postdam

Quamquam ,   Rotterdam
 PR. *koua-m*   Siam
   koua-m   tamtam
Roboam

3°. ad rem (*ré-*   item
 pondre   Jérusalem
ad hominem   Mathusalem
 (*argument*   requiem
Bethléem   Sem
Harlem   Sichem
hem !   tu autem
idem

4°. Éphraïm   olim (un
Ibrahim   Sélim
intérim   Solim
Joachim, PR.
  kime

5°. epsom (sel d'

6°. Actium,	critérium	Latium
PR. *o..me*	décorum	laudanum
album	delphinium	lédum
Antium,	diabotanum	mandatum
ville	(*onguent*	maximum
arum	diascordium	méconium
balsamum	dictum	médium
(*arbre*	duodénum	minimum
calcanéum	éluvium	minium
caput-mor-	factotum	muséum
tuum	factum	opium
capharnaüm	forum	palladium
castoréum	galbanum	pensum (tâ-
chrysanthé-	garum	che
mum	géranium	post-scrip-
cœcum	jéjunum	tum
compen-	labarum (le	quinquen-
dium	ladanum	nium

rectum	sérum	usum (ad
rétentum	solanum	vade – me –
rum (du	sternum	cum
sacrum (l'os	targum	variorum
sagum	te-deum	veni-mecum
scrotum	tusculum	visorium
sensorium	ultimatum	Xylostéum.
septum		

4ᵉ. Face, *m'*.

m'*as-tu vu?* | m'*habilles-tu?*

Le mot *me* s'écrit *m'* devant une voyelle ou l'*h* nulle.

5ᵉ. Face, *mes.*

Lorsqu'on compose avec le pantographe, on prend ces trois lettres d'une seule fois, soit comme un mot ou une partie d'un mot.

mes *pinceaux* | mes*quin.*

VINGT-TROISIÈME DÉ.

1ʳᵉ. Face, N.

ananas	Ninive
nénuphar	panicaut, etc.

Le son *n* s'écrit, sauf les exceptions des faces suivantes.

2ᵉ. Face, *n n.*

1°. Dans les mots composés suivants :

annexe,	*connexe.*
annihiler,	LAT. *nihil.*
annoncer,	*nonce.*
annoter,	*noter.*
annuller,	*nul.*
connaître ,	*notion.*
ennemi,	*ami.*

Nota.

Ennemi est le seul mot composé où *enn* se prononce *è..n.*

Ennuyer, ennuiter, ennoblir, se prononcent *an..nuyer,* etc.

innavigable,	*naviguer.*
inné,	*né.*
innocent ,	*nuisible.*
innombrable ,	*nombre.*
innommé,	*nom.*
innover,	*nouveau,* etc.

EXCEPTÉ dans

anoblir, *faire un* noble.

2°. Dans les mots dérivés de ceux en *on.*

cessionnaire,	*cession.*
cordonnier, cordonnet,	*cordon.*
dictionnaire,	*diction.*
pigeonneau, pigeonnier,	*pigeon.*
sonner, sonnette,	*son.*
personne, personnifier,	*son.*
Sorbonne ,	*Sorbon.*

tonner,
tonnerre, } *ton.*

donner,
pardonner, } *don.*

Cependant on écrit avec un seul *n*, *sonore*, *détonation*, *donation*.

Nota. Il en est de même dans *honorer*, *honorable*, etc., quoiqu'on écrive *honnête*, *honneur*.

3°. Les mots suivants :

Baïonne	nonne, non-
Carcassonne	nain
chaconne	Péronne
colonne	Ratisbonne
cretonne	tonne, ton-
Garonne	neau
Lisbonne	Yonne.
Narbonne	

4°. Dans les mots suivants :

anneau	Linnée
année, etc.	mannequin
bannière	monnaie,
bannir	monétaire
biennal	nautonnier
bonnet	panneau
cannelas	paonneau
cannibale	Porsenna
chardonneret	quinquennal
connivence	sansonnet
décennal	sonnet
ennéagone	sonnez
Ennius	tanner
hanneton (le	triennal
hennir	tyrannie
honnête	vanner.
honneur	

5°. Voir, face suivante, les autres mots en *nne*, comme *Anne*, etc.

3ᵉ. Face, *ne* final.

Le son *ne* final s'écrit *ne*,

EXCEPTÉ :

1°. abdomen,
PR. *é..ne*
amen
Boulen (Anne de
cyclamen
dictamen
discrimen
Dryden
Eden
examen
gluten
gramen

hymen
lichen, PR. *kène*
Niémen, rivière
Philopœmen
pollen
Yémen, rivière

Camoens (le
Rubens

2°. Anne
artisanne
banne
canne
dame-jeanne
Jeanne
Kahoanne
Lausanne
Marianne

panne
paysanne
rouanne
Sézanne
Suzanne.

Cannes
Vannes.

3°. Dans les adjectifs féminins dérivés de ceux en *ien*, *yen*, *éen*.

ancienne,	*ancien.*
moyenne,	*moyen.*
européenne,	*européen*, etc.

6

AJOUTEZ

que je **tienne,** | *que je* **vienne**
etc. | *que je* **prenne**

et autres personnes des verbes *tenir,* *venir, prendre,* et composés qui se terminent par le son *è..ne,* comme *que je tienne, que tu tiennes, qu'il tienne, qu'ils tiennent.*

Les mots suivants :

antienne | morguienne,
Cayenne | etc.
Etienne | persienne (une
Mayenne | Vienne

et

antenne | Ardennes (les
couenne | Cévennes (les
étrenne | Rennes, ville
garenne | Valenciennes
renne (*animal* | Varennes
Turenne | Vincennes.

NOTA. On écrit Thomas *Penn.*

4°. Corinne | Inn, *rivière.*

5°. Voir les mots *onne* jugés face précédente.

4ᶜ. **Face,** *n'.*

n'allez pas là | n'hésitez pas.

Le mot *ne* s'écrit *n'* devant une voyelle ou une *h* nulle.

5ᶜ. **Face,** *gn,* ou *n* mouillé.

agneau | signal
agnus (des | signe, etc.
Agnès |

Le son *gn* s'écrit toujours *gn* dans le corps des mots, et *gne* lorsqu'il est final.

NOTA ESSENTIEL.

Quoique ce son s'écrive toujours par *gn,* dans le corps des mots, ces deux lettres n'ont pas toujours le son mouillé.

agnat, | gnomon, | tion,
agnus-castus | gnostique, | inexpugna-
cognat, | gnou, | ble,
diagnostic, | igné, | Progné,
Gnide, | ignicole, | régnicole,
gnome, un | imprégna- | stagnation,

se prononcent *ag...nat,* etc., comme si les deux lettres étaient séparées. *emprégner, répugner, régner,* mouillent *gn* malgré les mots analogues ci-dessus, où *g* et *n* sonnent séparément.

VINGT-QUATRIÈME DÉ.

1ʳᵉ. **Face,** R.

rareté | urne
orviétan | vertu.

Le son *r* s'écrit *r,* sauf les exceptions des faces suivantes :

2ᶜ. **Face,** *r r.*

I. Dans les composés suivants :

1°. arracher, | *racine.*
arranger, | *rang.*
arrêter, | *rester.*
arrière, | *rière.*
arriver, | *rive.*
arroger, | *déroger.*

arroser,	*rosée.*
corrélatif,	*relatif.*
correspondant,	*répondant.*
corriger,	*régir.*
correct,	*rectitude.*
corroborer,	*robuste.*
corroder,	*roder, érosion.*
corroyer,	
corrompre,	*rompre.*
derrière,	*rière.*
interrogatoire,	*rogatoire.*
irradiation,	*radieux.*
irréparable,	*réparer.*
irrépréhensible,	*repréhensible.*
irriter,	
irruption,	*rupture.*
insurrecteur, }	*recteur,*
résurrection, }	

et autres mots plus faciles à juger.

2°. Dans les mots suivants :

arroi, désarroi	corrégidor
bigarrer	corridor
bourrache	courroie
bourrade	courroux
bourrasque	diarrhée
bourreau	errata
bourrique	erre
carré	erreur
carrosse	errhine
chamarrer	ferrer
charrée (*cendre*	fourrage
charrette	fourrer
concurrence,	garrotter
etc.	

gonorrhée	parrain
hémorragie	perron
hémorroïde	perruque
horreur	perroquet
jarret	porreau
larron	pourrir
marraine	pyrrhique
marri (je suis	pyrrhonien
marron	Pyrrhus, *roi*
marrube	torréfier
merrain	torrent
narrer	verrat
nourrir	verrou
occurrence	verrue.

II. Dans la finale.

1°. amarre	marre , instr.
bagarre	Navarre
barre	Pizarre
bécarre	simarre
bizarre	tintamarre
carre	
escarre	
joarre	arrhes (les
jarre	catarrhe
2°. Angleterre	Nanterre
Auxerre	Pierre (Saint
desserre	pierre (une
équerre	Santerre
erre	serre
fumeterre	terre
guerre (la	verre.
lierre (le	

Ceux de ces mots qui ont des dérivés y conservent le double *rr, terrer*

terrain , souterrain , atterrer , déterrer , etc.

3°. babeurre | feurre (du
beurre | leurre (un

4°. squirre | 8°. cyrrhe
5°. Gomorrhe | myrrhe

6°. bourre

7°. saburre

3°. Face, *rh.*

1°. rhabillage | Rhin
Rhadamanthe | rhingrave
rhapontic | rhinocéros
Rhée | Rhodes
rhéteur

rhomboïde | rhumatisme
Rhône | rhume
rhubarbe | rhythme.

2°. Voir aussi les mots *arrhe, catarrhe, diarrhée,* etc., jugés dans la face précédente.

4°. Face, *re* final.

avare | gloire
bréviaire | pléthore, etc.
bergère

Le son *r* final s'écrit *r,*

EXCEPTÉ

Dans les mots précédemment jugés à l'occasion des sons *ar, ard, eur, erre, ir,* et dans ceux qui le seraient à l'occasion des sons *or, oir, our, ur.*

VINGT-CINQUIÈME DÉ.

1re. Face, Z.

1°. Le son *z* s'écrit *ze* au commencement des mots

zibeline | zodiaque, etc.

2°. Dans le corps des mots suivants :

Alézan | dizain, dizaine
amazone | gazelle
azime | gazette
azote | gazon
azygos | gazouiller
bézoard | lazare
bizarre | lazaret
colzat | lazzi
coriza | luzerne

mazette | mezzo-termine.
mézéon |

3°. Dans les finales des mots suivants :

aze | gaze
gaz | topaze.

Alèze | Corrèze
Bèze | trapèze

onze | quatorze
douze | quinze
treize | seize.

Le son *z* s'écrit *x* dans *sixain.*

Règles générales.

Hors des cas précédents, le son *z* s'écrit par *s* comme dans

rase	arrosoir
rose	ruse, etc.

2°. Face, X.

axe	exorbitant
axonge	exulcéré, etc.
exil	Xantippe.

complexion,	*complexe.*
connexion,	*connexe.*
crucifixion,	*fixe.*
flexion,	*flexible.*
fluxion,	*flux.*

EXCEPTÉ :

1°. Les mots en *c..sion*, qui ont un *t* dans la famille :

abduction,	*abducteur.*
abjection,	*abject, abjecte.*
abstraction,	*abstrait.*
action,	*acte.*
affection,	*affecter.*
bénédiction,	*bénédicité.*
coction,	*cuit, cuite.*
confection,	*confiture.*
construction,	*structure.*
défection,	*défectif.*
distinction,	*distinct, distincte.*
exaction,	*exact, exacte.*
onction, etc.,	*onctueux.*

2°. Dans les mots composés, dont le second commence par *un c* :

accès,	
accéder,	*céder.*
succéder, etc.	
accélérer,	*célérité.*
accent,	*cantate.*
accentuer,	*chanter.*
accepter,	*capture.*
accident,	*cadence, caduc.*
accise,	*césure, préciser.*
occident,	*cadence.*
occire,	*circoncire.*
occiput,	*sinciput et caput.*
succinct,	*ceinture.*

3°. baccifère,	LAT.	*Bacca.*
vaccine,	LAT.	*vacca.*
buccinateur,	LAT.	*bucca.*
siccité,	LAT.	*siccus.*
succion,	LAT.	*succus.*

coccyx	succin
ecce homo	tocsin.

3°. Face, *ch.*

charade	chercher
chèvre	brioche, etc.

Le son *ch* s'écrit *ch*, sans exception.

NOTA ESSENTIEL.

Le caractère graphique *ch* se prononce comme le *c* dur dans un certain nombre de mots, tels que *chrétien, chlamyde, chorus,* etc.

Voir le vingt-septième dé, ou le son *c.* D'autres fois il est nul, comme dans *almanach.* Voir le onzième dé, etc.

4ᵉ. Face, H.

Tout a été dit, ou le sera sur cette lettre, à l'occasion des voyelles tant composées que simples.

5ᵉ. Face, K.

Voir la lettre *c* ou vingt-neuvième dé.

6ᵉ. Face, Q.

Billecoq	coq
cinq	Vidocq

sont les seuls mots où la lettre *q* soit employée sans être suivie d'un *u*. Voir le vingt-septième dé, 5ᵉ. et 6ᵉ. face.

VINGT-SIXIÈME DÉ.

1ʳᵉ. Face, S.

1ʳᵉ. RÈGLE.

1°. statue	talisman
esprit	bastion, etc.

Le son *s* s'écrit *s* lorsqu'il est suivi d'une consonne différente. Cette règle est sans exception; avec *c* on aurait *ctatue, talicman*, etc.

2ᵉ. RÈGLE.

2°. salière	soif
sobriété	songe
sujet	soupe, etc.

Le son *s* initial suivi d'une des trois voyelles *a, o, u,* ou d'une de leurs composées, s'écrit *s*.

ça

est le seul mot qui fasse exception à cette règle.

3ᵉ. RÈGLE.

5°. sérénité	seuil
silence	sincère, etc.

Le son *s* initial s'écrit aussi *s*, quoiqu'il ne soit pas suivi de *a, o, u;* mais cette règle trouve des exceptions dans les mots *César, cigale*, etc. Voir les deux dés suivants et les mots, où *s* initial s'écrit *sc*.

sceau	prescience
sceller	scille
scène (une	scintiller
sceptique	scinder
sceptre	scission
sciatique	Scylla, *de Cha-*
scie	*rybde en*
science	scythe (un
conscience	

4ᵉ. RÈGLE

marsouin	personne
persan	pansu.

Le son *s*, suivi d'une des voyelles *a, o, u* ou de leurs composées, et précédé d'une consonne, s'écrit nécessairement par *s*, à moins qu'il ne soit représenté par le *c* cédille, comme dans *il plaça*, etc.; voir cette lettre, *dé suivant, face 1ʳᵉ*.

NOTA. On verra, face suivante, que si, dans les mêmes circonstances, il était précédé d'une voyelle, il s'écrirait par un double *ss*, comme dans *tissu*.

Règle particulière.

Contre l'analogie des mots en *tion*, les mots suivants et leurs composés et dérivés restent dans la grande analogie.

appréhension	extension
ascension	immersion
aspersion	ostension
convulsion	pension
détersion	pulsion
dissension	suspension
excursion	tension *et composés*.
expansion	

Nota. *Attention, intention, s'écrivent par un t.*

DERNIÈRE RÈGLE.

détersif	conserver
converser	persienne.

Le son *s* s'écrit encore *s*, quoiqu'il ne soit dans aucun des trois cas précédents ; mais cette règle est sujette à beaucoup d'exceptions. Voir *x* dans le dé précédent, face suivante, etc.

2ᵉ. Face, *ss*.

ambassade	dissiper
assister	dissoudre
Cassandre	pressentir
cassolette	ressentir, etc.
cassure	tissu.
disserter	

Écrivez, d'après cette grande analogie, les mots suivants et leurs composés et dérivés contre l'analogie particulière des autres mots de cette suivante.

cession	digression
concussion	jussion
confession	mission

passion	scission
possession	session.
pression	

L'analogie de la première colonne *ambassade*, etc., n'a pour exceptions que

désuétude	resonner, *sonner de nouveau.*
entresol	
parasol	
présupposer	
resortir, *sortir de nouveau.*	Auxonne
	soixante

et les cas du *c* cédille, comme

il rinça	rinçons
je rinçais	rinçure.

Voir 1ʳᵉ. face du dé suivant.

Mais la seconde colonne *dessiner*, etc. a,

1º. contresigner	polysynodie
	préséance
monosyllabe	vraisemblable.
2º. Auxerre, PR. *ausserre*.	Bruxelles, PR. *brusselles*.

3º. Les mots suivants, où le son *s* est représenté par *sc* :

acquiescer	hétéroscien
ascendant	périscien
ascétique (vie	immiscer (s'
ascite	miscible
concupiscence	osciller
descendre	piscine
escient (à son	plébiscite
faisceau	Priscien
fascine	proboscide

résipiscence	vesce, *légume*
ressusciter	viscère.
susciter	

Ajoutez les douze mots en *escent*, mentionnés page 32.

4°. ambition	contention
ambitionner	désertion
acception	intention
assertion	portion
attention	

et autres mots de cette désinence non encore jugés. Voir, *dé précédent*, les mots en *xion*, dans celui-ci ceux en *sion* et en *ssion*.

5°. argutie	inertie
aristo*cratie*	minutie
Boétie	néphrétie
calvitie	nigritie
canitie	péripétie
Croatie	primatie
diplomatie	prophétie
facétie	suprématie
Helvétie	
impéritie	balbutier
ineptie	initier.

Nota. Dans les autres mots comme *partie, dynastie, tutie,* etc., le *t* se prononce *t*.

6°. capétien	Gratien
Dioclétien	Titien (le
Domitien	tribunitien.
égyptien	

Ce sont les seuls mots de cette finale où le son *s* s'écrive par un *t*.

Il n'y a en *ssien* que les mots suivants :

parnassien,	*parnasse.*
paroissien,	*paroisse,* d'où
	aussi paroissial.

Nota. Il faut remarquer, pour la lecture, que dans *tien, tienne, maintien* et autres dérivés du verbe *tenir,* dans *chrétien* et *Bastien* le *t* se prononce *t*.
Les autres mots en *sien* s'écrivent *cien.*

ancien,	*antique.*
arithméticien,	*arithmétique.*
fabricien,	*fabrique.*
mécanicien,	*mécanique.*
milicien,	*milice.*
théoricien,	*théorique,* etc.

7°. célestiel	pénitentiel
confidentiel	pestilentiel
différentiel	potentiel
essentiel	substantiel
partiel	

sont les seuls mots en *tiel.*
Les autres, c'est-à-dire, les cinq suivants, sont en *ciel.*

fiduciel	officiel	superficiel
obédienciel	préjudiciel	

8°. abbatial	primatial.
initial	
martial	be*stial,* PR.
partial	*stial,*

sont les seuls mots en *tial.*
Les autres mots sont en *cial,* excepté *paroissial.*

bénéficial	solsticial
crucial	spécial
provincial	
social	paroissial

9°. ambitieux — minutieux
captieux — pestilentieux
dévotieux — séditieux
facétieux — sententieux
factieux — superstitieux

sont les seuls mots en *tieux ;* les autres mots de cette désinence sont en *cieux,* un seul en *ssieux.*

artificieux — pernicieux
astucieux — précieux
audacieux — révérencieux
capricieux — silencieux
consciencieux — spacieux
délicieux — spécieux
fallacieux — vicieux
gracieux
judicieux — chassieux
licencieux
malicieux
officieux — essieu (un

SS dans la finale.

On a vu, 11e. dé, *as* sonore comme dans *jonas.*

Les autres mots s'écrivent en *asse,* d'après la grande règle du doublement de *s* entre deux voyelles.

grasse, *gras* — masse
filasse — potasse, etc.

EXCEPTÉ

agace (il — Boniface
Alsace, PR. *zace* — contumace
audace — cordace, *dame*
besace — coriace
Boccace — Curiace
bonace (la — dédicace
 (il est bonasse) — efficace

face — Pharnace
 surface — place
fouace — préface
fugace — race
galéace — rapace (il est
glace — rosace
grimace — sagace
Horace — Stace
limace — Thrace (un
Lovelace — trace (une
mace (il — vivace
menace (une — vorace.
Pancrace

NOTA.

Les mots terminés comme les suivants :

artifice — ponce
pièce — pouce
prince — puce, etc.,
atroce

sont traités à la suite des voyelles pénultièmes *i, è, in, o, on, ou, u.*

3e. et 4e. Face, *se, s'.*

se bat-il ? — s'est-il battu ?
se hâte-t-il ? — s'est-il hâté ?

Le son *se* étant un mot et signifiant *soi,* s'écrit *se* lorsqu'il est devant une consonne, et *s'* lorsqu'il est suivi d'une voyelle ou d'une *h* nulle.

5e. Face, *s'est.*

Luc s'est blessé — Luce s'est blessée
elle s'est blessée — elle s'est blessé le pied.

C'est-à-dire Luc a blessé *soi*, Luce a blessé le pied *à soi* ou *à elle.*

Ne confondez pas *s'est* avec *c'est.* Voir le dé suivant, 3ᵉ. face.

6ᵉ. Face, *ses.*

Chacun a

ses amis	*ses soucis*

ses affaires | *ses ennuis,*

c'est-à-dire chacun à *les* amis *siens* ou à *soi*, et ne confondez pas *ses* et *ces*, ces enfants-là , ce sont ses enfants.

Voir le mot *ces*, dé suivant, 4ᵉ. face.

VINGT-SEPTIÈME DÉ.

1ʳᵉ. Face, Ç.

1°. Dans les mots suivants qui ont un *c* ordinaire dans la famille :

je forçai	tu reçois
tu forças	il reçoit
il força , etc.,	nous reçûmes
je forçais, etc.	vous reçûtes
forçant	ils reçurent,
forçat (un	etc.
nous forçons	rinçant
je reçois	rinçure, etc.

Dans tous les verbes où la lettre radicale est un *c* doux, c'est-à-dire, prononcé *s*, on emploie le *c* cédille devant *a, o, u, ons, ant,* seul moyen de conserver la prononciation douce.

Cet accident a lieu aussi dans les mots qui sont formés des verbes comme *forçat, rinçure,* etc.

2°. Dans les mots suivants :

Alençon	charançon
arçon, arc	cirquinçon
Besançon	colimaçon
Briançon	enfançon
caparaçon	extramaçon

étançon	pinçon, *pincer*
façon	poinçon, *pointe*
garçon	rançon
glaçon	seneçon
hameçon	soupçon
lançon	suçon, *suc*
leçon	tierçon
limaçon	tronçon.
maçon	

2°. Face, *c'.*

Qui est-ce?

c'est moi	c'était moi
c'est toi	c'était toi, etc.
c'est lui	c'étaient eux
c'est nous	c'en est fait
c'est vous	c'en était fait
c'est eux ou ce sont eux.	c'en dessus-dessous.

3ᵉ. Face, *c'est.*

Voir la face ci-dessus.
Ne confondez pas *c'est* et *s'est.*

c'est lui qui se frappe
c'est elle qui se frappe
c'est elle qui se frappe la tête

il *s'est* frappé
elle *s'est* frappée
elle *s'est* frappé la tête.

C'est lui, c'est-à-dire, *cet homme* est lui ; *c'est* elle, c'est-à-dire, *cette femme* est elle.

Il *s'est* frappé, c'est-à-dire il a frappé *soi* ou *lui-même*.

Elle *s'est* frappé la tête ; elle a frappé la tête *à soi* ou *à elle-même*.

c'est Luc
c'est Luce
c'est Luce qui se frappe

Luc s'est frappé
Luce s'est frappée
Luce s'est frappé la tête.

C'est Luc, c'est-à-dire, *cela*, ou cet *homme-là* est Luc.

Luc *s'est* frappé, c'est-à-dire, Luc a frappé *soi*, ou *lui-même*.

Luce *s'est* frappé la tête, c'est-à-dire, la tête *à soi*, ou *à elle*.

4e. Face, *ces.*

ce jeu plaît
ces jeux plaisent
cet enfant joue
ces enfans jouent.

ce jeu-là
ces jeux-là
cet enfant-ci
ces enfans-là.

Ne confondez pas *ces* et *ses.*

Madame dit que

ces enfans-là sont *ses* enfans

celui-ci même est *son* enfant.

5e. Face.

Ce sera considéré ici 1°. comme mot, 2°. comme syllabe.

Ce, considéré comme mot.

ce *livre est bon*
ce *que tu dis*
est-ce *toi ?*

qu'est-ce *donc ?*
ce *doit être lui*
ce *sera lui.*

On a vu, 2e. face, dans quelle circonstance *ce* s'écrit *c'* c'est moi, *c'était moi, c'en est fait.* Hors de là, lorsqu'il est placé devant une voyelle, ou une *h* nulle, il s'écrit *cet, cet amour, cet homme,* et se prononce *cè..t.*

CE

Considéré comme syllabe et dans les trois circonstances, c'est-à-dire, comme *initial, final* et *médial.*

I. Initial.

Ce n'est initial que dans

ce *livre.*
ceci
cela
celui-ci

cependant
cerisaie
cerisier.

II. *ce* final.

1°. Dans les mots suivants :

farce
~~~~~~
Ataxerce
berce (il
exerce (il s'
gerce
Laerce
parce que
perce (en) il
Properce

quinquerce
sesterce
tierce
~~~~~~
amorce
divorce
écorce
force (la) il
~~~~~~
Quinte-Curce.
~~~~~~

2°. Voir les mots en *ace*, dans le *ss* final, vers la fin de la 2ᵉ. face.

3°. Dans les mots suivants :

cap*rice*	*douce* (elle est
n*ièce*	*puce*
mi*nce*	prévoy*ance*
fé*roce*	prud*ence*, etc.
r*once*	

Voir toutes ces finales, *ice*, *èce*, etc., dans les dés qui traitent des voyelles pénultièmes *i*, *è*, *in*, etc.

III. *ce* médial.

1°. Lorsque dans la famille il y a un mot qui se termine par *ce* :

chanceler,	*chance.*
doucereux,	*douce.*
puceron,	*puce.*
je forcerai,	⎱ *force.*
je forcerais,	⎰
il placera,	⎱ *place.*
ils placeraient,	⎰

2°. appercevoir | percevoir
concevoir | recevoir.
décevoir

3°. Encelade | vice-roi.
harceler

NOTA. Lorsque dans des mots et places semblables on trouve les formes *cé*, *cè*, *cen*, *ci*, *cin*, le son *se* s'écrit aussi par *ce*.

6ᵉ. Face, *ceu.*

1°. douceur (la	suceur (un
noirceur (la	chanceux
enfonceur (un	glaceux
farceur (un	ceux, ceux-ci.
semonceur (un	
2°. ceuta	pharmaceuti-que.

La syllabe écrite *ceu* ne se trouve que dans les mots précédents.

VINGT-HUITIÈME DÉ.

1ʳᵉ. Face, CÉ.

I, *Cé* initial,

Dans les mots suivants :

céans	cédule
céder *et com-posés*	céphale, etc.
	céphalique
cédille	Bucéphale
cédrat	céphée

Céladon	cénobite
célèbre	cénotaphe
céler, etc.	cérat
céleri	Cérès
céliaque	cérémonie
célibat	cérumen
cément	céruse
cénacle	cécité
cénelle	César

césure	cétéra (et
cétacée	cétérac (du

II. *cé* final.

1°. Dans les participes des verbes en *cer* :

forcé (j'ai	percé (j'ai
placé (j'ai	tracé (un, etc.
bercé (j'ai	

2°. abécé
crustacé (ani-
mal

abécé	fromentacé
crustacé (ani-	herbacé
mal	liliacé
Circé	poracé
Dircé	potencé.
cavecé (cheval	Il s'écrit *ce* dans
foliacé	*ecce homo.*

3°.

Alcée	panacée
caducée	percée (une
imbricée (plan-	Phocée
te)	pincée (une
jacée (la	scée (porte de
lycée (le	Théodicée,
Nicée (concile	
de	

et les noms des plantes, comme *amen-
tacée, rubiacée* et les participes féminins *forcée,* etc.

Nota. Il reste entendu que le son *cé*
final s'écrit par *cer* dans les infinitifs,
je peux te *forcer ;* par *cez* dans les secondes personnes plurielles, vous me
forcez, etc.

III. *cé* médial.

1°. Dans les mots où le son *cé* ou le
son *ce,* se trouve indiqué par les listes
et explications déjà données.

abécédaire	*d'abécé.*
décéder	
excédé	} *céder.*
procédé	
décéler,	} *céler,* etc.
recéler,	

2°. Dans les mots suivants :

acérer	lacérer
acétique, *acide*	macérer
exulcérer	rhinocéros
incarcérer	sincérité.
facétie	

2°. Face, *cè.*

*Céder, cédrat, cénacle, sincérité,
ulcérer,* etc., montrent assez qu'il faut
écrire *cè* dans les mots suivants :

accès	cène
excès	sincère
succès	ulcère (un
cèdre	ulcère (il), etc.

Ce son s'écrit sans accent

Lorsque la lettre *c* étant indiquée
formellement ou par la famille, le son
è est suivi de deux consonnes dont la
seconde n'est ni *r* ni *l.*

biceps à deux	Celse
têtes de *cap.*	celtique
triceps	Cerbère
celle-ci, celle-là	cerce (de la
cet *homme*	cercueil
cette femme	cerf (animal
cellérier	cerfeuil
cellier (un	cerner
cellule	concerner

discerner	concert
certain	concerter
certes	concetti
certificat	conception
cervelle	accepter
écervelé	excepter
cervoise	inceste, *chasté*
cesser	nécessaire, *qui*
cession	*ne peut céder.*

3ᵉ. Face, *cen, cens, cem, cent.*

adjacent	centime, etc.
cendre	centaure
encens	centaurée
incendie	centon
cens (payer le	centumvir
censé	centre
censeur	décembre
censure	décent
recenser	licence.
cent	
centaine	

Voir le son *x*, comme dans *accent*, et le son *s* écrit par *sc*, comme dans *adolescent*, etc.

4ᵉ. Face, *ci.*

I, initial.

1°. Par *ci.*

ci, *ici, voici.*	cicérole
ciboire	Cid (le
ciboule	cidre (du
cicatrice	ciel
Cicéron	cierge
cicérone	cigale

cigogne	circoncire
ciguë	circuit
cil	circonférence
cilice	cisalpin
cime	ciseau
écimer	ciste
ciment	cité (une
cimeterre	citer
cimetière	citérieur
cinabre	citerne
cinéraire	citron
cinnamome	citrouille
cioulat	cive
cippe	civet
cire	civette
ciroène	civière
cirrhe	civil.

2°. Par *cy.*

cyathe	cystique
cycle	cynoglosse
cylindre	cynosure
cymaise	cyprès
cygne	cystophore
cynique	cytise.

II. *ci, cis* ou *cie* final.

1°. adouci,	*adoucir.*
adoucie,	*adoucissement.*
accourci,	*accourcir.*
aminci,	*amincir.*
durci,	*durcir.*
enforci,	*force.*
étréci,	*étrécir.*
farci,	*farcir.*

noirci,   *noircissure.*
obscurci,   *obscurcisse-*
       ment.
ranci,   *rance.*

2°. chiroman-   malacie
   cie, etc. PR. *ki.*   Murcie
esquinancie   pharmacie
fiducie   Phénicie
Gallicie   pomacie
Lycie   Porcie
Porcie   superficie.

3°. circoncis,   *circoncise.*
concis,   *concise.*
  indécis
  précis
lacis,   *lacer.*
macis (du
poncis,   *poncer.*

III. *ci* médial.

1°. Dans les mots qui dans la famille ont un *c* dur ou doux, déjà connu, ou qui le sera d'après les renvois.

adoucissement   *douce.*
artificieux,   *artifice.*
complicité,   *complice.*
circoncision,   *césure.*
décision,   } *césure.*
  décider
efficacité,   } *efficace.*
efficient,
franciser,   *français, franc*
glacial,   *glace.*
gracieux   *grace.*

récipient   *recevoir.*
remercier,   *merci, mercan-*
       tile.
incident,   } *cadence.*
incidence,
lancinant,   *lance, lancer.*
préjudiciel,   *préjudice.*
supplicier,   *supplice.*
vicieux,   *vice.*

2°. Dans les mots dérivés de ceux en *ique* :

causticité,   *caustique.*
électricité,   *électrique.*
magicien,   *magique.*
mécanicien,   *mécanique.*
tacticien,   *tactique,* etc.

3°. atti*cisme,*   *solécisme,* etc.
septi*cisme,*
et autres mots de cette désinence.

4°. Dans les mots suivants :

cacique (un   foncier
calciner   gencive
concile   licite
concilier   médecine
Confucius   onciforme
crucifix   Phocion
déficit   pacifier
déicide   parcimonie
  homicide   pauciflore
  parricide, etc.   pernicieux
fallacieux   précieux
faucille   racine
fécial (un   réfocillateur.
féliciter

Voir, vingt-sixième dé, 2ᵉ. face, les mots en *cieux*.

5ᵉ. Face, *cin*.

apocin	Cincinnatus
calcin	
capucin	cinq, cinquante
clavecin	cinquantaine
cincenelle	doucin

larcin	cimbre (un
On écrit :	cymbale
ceindre	

Nota. On a vu, lettre *x*, les mots *succin*, *vaccin*, *succinct*, etc.

TRÈS GRANDE RÈGLE.

Hors de ce dé et du précédent, ainsi que des cas prévus dans le vingt-sixième, le son *s* s'écrit *s*.

VINGT-NEUVIÈME DÉ.

Iʳᵉ. Face, *c*, PR. *k*.

Initial et médial.

cacophonie	concombre
coco	coucou.

Le son *c* initial et médial s'écrit *c*,

EXCEPTÉ

1°. Dans le cas de la lettre *x*, voir vingt-cinquième dé, 2ᵉ. face ;

2°. Dans le cas de la lettre *k*, voir vingt-cinquième dé, 5ᵉ. face ;

3°. Dans le cas du *ch* prononcé *k* :

Achab	Cham, *fils de*	chirage
Achéloüs	*Noé*	chirogra-
Achilléide	Chalcédoine	phaire
archange	chalcogra-	chiromancie
archétype	phie	chœur
archiépisco-	Chaldéen	cholédoque
pal	Chalybé (vin	(canal
archonte	Chanaan	choléra-
brachial	chaos (le	morbus
cachexie	Chersonèse	choriste
catéchumène	chiliade	chorévêque

chorion	ischurie	Nabuchodo-
choroïde	Machaon	nosor
chorus	Melchisé-	orchestre
enchymose	dech	orchis
eucharistie	Michel-Ange	rachitis.
exarchat -		

Voir les faces suivantes.

c final, PR. *k*.

1°. ab hoc et	Cognac (eau-	Pibrac
ab hâc	de-vie de	Pourceau-
égyptiac ,	Condillac	gnac
(onguent	cornac	Ravaillac
ammoniac	crac	sac
(sel	cric-crac	sidrac
Armagnac	flic-flac	sumac
bac (passer	gaïac	tac
le	hamac (le	tic-tac
Balzac	havre-sac (le	tillac
bissac	Isaac	tombac
bivouac	lac	trac *du che-*
Brissac	Martignac	*val*
catillac	micmac.	tric-trac
(poire	nérac	usquebac.
cétérac	orignac	

2°. Amabec
avec
Badubec *femme de Gargantua*)
bec, blanc-bec
caudebec (un
échec
grec, *une grecque*

de clerc à maître
Marc
pec (hareng
rebec
Malec
Salamalec
sec, *sèche*
Van-Be .

3°. agaric
alambic
Alaric
Childéric
Chilpéric
Copernic
fic
fisc (le
Frédéric (le
grand

pic
porte-épic
pronostic
public (c'est
repic
ric-à-ric
syndic
Théodoric
tic
tric.

4°. bloc
froc
hoc (cela m'est
hoc
Languedoc
manioc
Maroc
Médoc

nostoc
ploc, laine
porc
siroc, vent
soc
stoc
troc.

Dans *accroc*, *broc*, *croc*, le *c* final est nul.

5°. onc

donc.

6°. aqueduc
caduc
duc

Habacuc
juc
Luc

stuc
suc

truc.

7°. Il s'écrit d'une manière extraordinaire dans les mots suivants :

contact, PR. *tac.*
Exact, PR. *ac.*
correct, PR. *èc.*
district, PR. *ic.*
strict, PR. *ic.*
Mastricht, PR. *ic.*
Dantzick,
Leipsick, } PR. *ic.*
Villecocq,
Vidocq, } PR. *oc.*
coq,

Abimélech
Alibech
Lamech
Melchisédech
Hénoch
Moloch

varech (du
grecque (une
Mecque (la
Roch (Saint.

Règle générale.

Hors des sept cas précédents, le son final *c* s'écrit *que.*

attaque
bibliothèque
grotesque
émétique

quiconque
colloque
felouque (une
nuque (la, etc.

2ᵉ. Face, *cc.*

1°. Dans les mots composés suivants :

accaparer,

capture.

acclamation,	*clameur.*
acclimater,	*climat.*
accolade,	*col, cou.*
accointer,	*coin.*
accorder,	*cœur.*
accoster,	*côte.*
accoutumer,	*coutume.*
accrocher,	*croc.*
accroître,	*croître.*
acculer,	*culasse.*
accueillir,	*cueillir.*
accuser,	*récuser.*
occasion,	*casuel.*
occuper,	*coupe.*
occurrence,	*concurrence.*
succomber,	*combe, vallée.*
succulent,	*suc.*
succursale,	*cursif,*

et quelques autres mots faciles à juger.

On a vu, à l'article *x*, les mots *acci-dent*, *succession*, etc., et autres où l'on entend le double son *cs*.

2°. Les mots épars suivants :

beccard	ecclésiastique
buccal	exsiccation
baccalauréat	peccata
bacchanal	peccavi (dire
bacchante	son
Bacchus	eccrinologie.
eccanthis	

3ᵉ. et 4ᵉ. Face, *cr*, *cl*.

crème	clavecin
crise	clé
crochet	cloche
cruche	club, etc.

EXCEPTÉ

1°. Dans les mots *acclimater*, *accro-cher*, etc., voir la face précédente.

2°. chlamyde	chronique
chrétien	chrysalide
chrétienté	chrysolithe
Christ	Chrysostôme.
chromatique	

5ᵉ. Face, *qu*.

quenouille	quinola
quérir	qui-vive
question	quiconque.

Le son *k* devant les lettres *e, é, è, i*, s'écrit *qu*. Avec un *c*, on aurait *ce-nouille*, *cinola*, etc. Voir, dans la 1ʳᵉ. face, *Achéloüs*, etc., et dans le vingt-cinquième dé, *Kermès*, etc.

6ᵉ. Face, *qu'*.

Le mot *que*, suivi d'une voyelle ou d'une *h* nulle, s'écrit *qu'*

qu'est-ce donc ?	qu'hésites-tu ?
qu'es-tu, toi ?	

QUATRIÈME SECTION.

TRENTE ET UNIÈME DÉ.

1re. Face, IN.

incident	médecin
lingot	serin, etc.

Le son *in* s'écrit *in*.

EXCEPTÉ

1°. daim, *daine*	malefaim
essaim	Paimbœuf
faim	(ville).
2°. larynx	syndérèse
lynx	syndic
pharynx	syntaxe
sphynx	synthèse.
synchrôme	~~~~~~
syncope	thym, *plante.*
3°. agenda , PR.	pentateuque
jin	placenta
benjamin	rétentum.
benjoin.	~~~~~~
~~	camoens (le ,
compendium	PR. *ince.*
détentum	Rubens, PR.
mémento	*in..ce*
pensum	seing , *signer*
pensylvanie	Rheims , PR.
pentagone	*rin..ce.*
pentamètre.	
4°. cinq *volu-*	vingt *sous*
mes	dis*tinct , dis-*
sterling (*livre*	*tincte*

ins*tinct, ins-*	*joint, jointe*
tinctif	*moins*
suc*cinct, suc-*	*point, pointe*
cincte	*poing.*
Charles-Qu*int,*	
quinte	

5°. Voir les faces suivantes.

2e. Face , *im.*

imberbe	pimprenelle
impair	timbale , etc.

Le son *in* s'écrit *im* lorsqu'il est suivi d'un *b* ou d'un *p.*

EXCEPTÉ

corymbe	sympathie
cymbale	symphonie
lymphe	symptôme
nymphe	symphyse
Olympe	tympan.
symbole	

3e. Face , *ain.*

1°. Dans les mots qui ont *a* ou *ai* dans la famille.

Africain,	*Africaine.*
Aubain,	*aubaine.*
andain,	*andante.*
bain,	*bagne.*
certain,	*certaine.*

châtain,	*châtaigne.*
couvain,	*couvaison.*
dizain,	*dizaine.*
douçain,	*douceâtre.*
écrivain,	*écrivassier.*
germain,	*germaine.*
gain,	*gagner.*
levain,	*élévation.*
main,	*manuel.*
pain,	*panacée, pa-nier.*
prochain,	*prochaine.*
sain,	*santé, sani-taire.*
terrain,	*terrasse.*
train,	*traction,* etc.

2°. Dans les mots suivants :

Ain, *rivière*	merrain
ainsi	nonnain
airain	parrain
chapelain	plantain
châtelain	poulain
demain	quatrain
lendemain	refrain
fusain (du	regain
Jourdain, *ri-vière*	sixain
Kain (Le	Sylvain
Lucain	Tubalcain
	Vulcain.

3°. Dans les verbes et mots suivants :

contraindre	craindre
contraint.,	craint,
contrainte	crainte

plaindre	Toussaint (la
plaint, plainte.	parpaing, PR. pin.
sainte, saint	

4°. Face, *ein.*

1°. chaufrein, *chanfreindre.*
dessein, *projet.*
(dessin, *peinture.*)
frein, *effrené.*
Mein, *rivière,*
plein, *plénitude.*
rein, *rénal.*
sein *de la terre,*
serein, *sérénité.*

2°. Dans les verbes suivants, leurs composés et analogues.

astreindre	enfreindre
atteindre	feindre
aveindre	geindre, *gémir*
ceindre	peindre
enceindre	teindre.
empreindre	

5°. Face, *ien, yen.*

Autrichien,	*Autrichienne.*
chien,	*chienne.*
entretien,	*qu'il entre-tienne.*
je viendrai,	*qu'il vienne,* etc.
citoyen,	*citoyenne.*
doyen,	*doyenne,*
moyen,	*moyenne,* etc.

6°. Face, *éen.*

Européen,	*européenne.*
vendéen,	*vendéenne,* etc.

TRENTE-DEUXIÈME DÉ.

1re. Face, O.

orobanche

populo

cacao

octogone, etc.

Le son *o* s'écrit par *o*.

EXCEPTÉ

1°. Album, PR. *bo..me.*

Voir la liste des mots en *um*, prononcés *o..me*, pag. 39 et 40.

dos, ados

campos

chaos

clos

  enclos

  éclos

forclos

dispos

gros, grosse

héros

propos

repos.

2°. Dans aoriste, PR. *o..riste*

croc, PR. *cro*

escroc

goth, visigoth

Laône (St-Jean-de

Saône

sirop

trop

3°. Dans oh; oh.

  pour cela,

  non !

ho, ho ! vous

  voilà

hobereau (le

hoc, *cela m'est*

  hoc

hoche (la

hochepied (le

hochequeue (un

hochepot (le

hogner

holà !

hollander

holocauste (l'

hom !

homard (le

hommage

hommasse

homme (l'

hommée (une

homélie (l'

homicide (l'

homogène

homologuer

homonyme

homophage

homophonie

honnête

honorer

honorès (ad

hôpital

hoquet

hoqueton

horaire

horde

horion

horizon

horloge (l'

hormis

horoscope (l'

horreur (l'

hors de là

hortensia

hospice (l'

hospodar (l'

hostie (l'

hostile

hôte (l'

hôtel (l'

hotte (la

cahoter.

2e. Face, ó.

contrôle

Dôle (ville)

drôle

geôle

môle

pôle

rôder

rôle

tôle.

chômer

chrôme, *métal*

Chrysostôme

dôme

Drôme, *rivière*

fantôme

symptôme

Vendôme

cône

rhône, *fleuve*

Saône

trône.

dépôt

impôt

prévôt

suppôt

rôt, rôtir

tôt, aussitôt

plutôt.

côte, côtelette

Pentecôte (la

maletòte	nôtre (le
j'ôte, ôter	patenôtre
apôtre	vôtre (le

3ᵉ. Face, *au, aut, aux.*

1°. *au,* initial.

au *roi, par-*	auguste	austral
lez au roi	aujourd'hui	autan (*vent*
aubade	aulique	autant *que*
aubaine	aumône	*moi*
aube	aumusse	authentique
aubère	aunaie	autel
aubépine	aune, *me-*	auteur
auberge	*sure*	autoclave
aubergine	aune, *arbre*	autocrate
aubier	aunée	auto-da-fé
aubifoin	auprès	automate
aubin	auparavant	autour
aucun	auréole	autoursier
audace	auriculaire	autre,autrui
audience	aurore	autrefois
auge (une	auspice	Autriche
angelot	aussi	autruche
augmenter	aussitôt	auvent
augure	austère	auxiliaire.

On écrit aussi *au,* mais avec un *h,* ou *he.*

haubans (les	heaume
Haubert	heaumerie
haut, hauteur	(rue de la
hautbois	

2°. *au* médial.

arçonaute	baudet	baume
argonaute	baudir	bauquin
baguenau-	baudrier	béjaune
dier	baudruche	blaude
h 'auste	bauge	cauchemar

cauchois	faute	paumelle
caudataire	fauteuil	paupière
caudebec	fauteur	pause
cause	fauve	pauvre
caustique	fauvette	plausible
cauteleux	fraude	Plaute
cautère	gauche	ravauder
caution	gaudir	restaurer
centaure	gaufre	royaume
centaurée	gaule	sauce
chaudière	gaupe	saucisse
chauffer	gaure	saucisson
chauler	gausser	Saul
chaume	glauque	saule
chaumière	Guillaume	saumon
chausser	guimauve	saumure
chauve	hydraulique	saunage
chauvir	jauge (une	saupiquet
chevaucher	jaune, jau-	saupoudrer
chiquenaude	nisse	saur, saure
Claude	Kaunitz	saussaie
claudication	Laubarde-	sauvage
clause	mont	sauver
claustral	laudanum	sénéchaus-
daube	laudes	sée
dauphin	maréchaus-	tarauder
débauche	sée	taudion
émeraude	maudire	taudis
épaule	maupiteux	thauma-
exaucer	Maure	turge
exhausser	mausolée	taupe
Faublas	maussade	taupin
faubourg	mauvais	taure, tau-
faucher	mauve	reau
faucille	mauviette	tu-autem
faucon	mauvis	vau-l'eau (à
faufiler	nausée	vaudeville
faune	nautonnier	vautour
Faure(mon-	Paul	vaurien
sieur	paume	vautrer.

3°. *au* final.

aloyau	Laudernau
bacaliau	(ville)
boyau	Lindau (ville)
étau	Mittau (ville)
fabliau	Nassau (ville)
fléau	noyau
gluau	Pau (ville)
gruau	Pétau
Haguenau	préau
(ville)	sarrau
Hanau (ville)	Torgau (ville)
joyau	tuyau.
Landau (ville)	

Il faut ajouter quelques noms de villes, comme *Breslau, Glogau,* etc.

au final par *aud.*

1°. badaud,	*badauder.*
chaud,	*chaude.*
échafaud,	*échafauder.*
pataud,	*pataude.*
taraud,	*tarauder.*
2°. Arnaud	cabillaud, pois-
	son.

au, par *auld* et *ault.*

Larochefou-	Hérault (l'), *ri-*
cauld.	*vière*
~~	Perrault
Boursault	Pigault - Le-
Dessault	brun.

au par *aulx.*

aulx, PR. ô, pluriel d'*ail.*

au par *aut.*

artichaut	hurhaut
assaut	levraut
boucaut	michaut
Brunehaut	monaut
Châtelleraut	moussaut
Clairaut	panicaut
défaut	ressaut
Escaut, *fleuve*	saut, sursaut
gerfaut	soubresaut
goussaut	taïaut
grenaut	Thibaut
Hainaut (le	velaut.
héraut , *crieur*	
public	

au final par *aux.*

bestiaux (les	faux , *fausse*
chaux (de la	glaux
Clairvaux (ville	matériaux (les
déchaux	Roncevaux
Despréaux	surtaux
faux (la	taux.

Nota. Les substantifs en *au* au pluriel se changent en *aux ;* plusieurs substantifs en *al* ou *ail* ont aussi leur pluriel en *aux.*

aloyaux (des	joyaux(des,etc.
chevaux (des	soupiraux

4°. Face, *eau.*

eau médial.

1°. Beauce (la	*voyer au*
Beaune (*vin de*	heaume, heau-
épeautre	merie (rue
peautre (en-	de la

2°. *eau* final.			
agneau,	*agnelet.*	lapereau,	*lapin.*
anneau,	*annelet.*	lionceau,	*lion.*
appeau,	*appeler.*	Marceau,	*Marc.*
arbrisseau,	*arbre.*	marteau,	*marteler.*
barreau,	*barre.*	monceau,	*mont.*
bateau,	*batelet.*	museau,	*museler.*
berceau,	*bercer.*	naseau,	*nasiller.*
boisseau,	*boisselier.*	niveau,	*niveler.*
bordereau,	*bord, border.*	nouveau,	*nouvelle.*
bureau,	*bure.*	oiseau,	*oiselier.*
carreau,	*carreler.*	ormeau,	*orme.*
cerceau,	*cerce.*	panneau,	*pan.*
chameau,	*chamelier.*	paonneau,	*paon.*
chapeau,	*chapelier.*	peau,	*peler.*
chapiteau,	*cap, capital.*	perdreau,	*perdrix.*
château,	*châtelain.*	pinceau,	*peindre.*
chaudeau,		plumasseau,	*plume.*
chevreau,	*chèvre.*	pourceau,	*porc.*
ciseau,	*ciseler.*	radeau ;	*rade.*
côteau,	*côte.*	rameau,	*rame.*
couteau,	*coutelier.*	réseau,	*rets.*
créneau,	*créneler.*	rideau,	*ride.*
dizeau,	*dix.*	ruisseau,	*ruisseler.*
drapeau,	*drap.*	sceau,	*sceller.*
eau, de l'eau,	*aquarelle.*	seau, *vase.*	
écriteau,	*écriteau.*	souriceau,	*souris.*
éfourceau,	*force.*	tableau,	*table.*
enfaîteau,	*faîte.*	tasseau,	*tas.*
escabeau,	*escabelle.*	taureau,	*taure.*
fourneau,	*four.*	tourteau,	*tourte.*
fourreau,	*fourrer.*	tourtereau,	*tourterelle.*
fronteau,	*front.*	troupeau,	*troupe.*
Isabeau,	*Isabelle.*	trousseau,	*trousse.*
jouereau,	*jouer.*	vaisseau,	*vase.*
		veau,	*vêler.*

<table>
<tr><td>

vermisseau,   *ver, vermine.*

vipéreau,   *vipère, etc.,*

et autres mots formés d'un mot plus court, ou qui ont un *l* dans les dérivés.

3°. Ajoutez les mots suivants :

baliveau	écheneau	Long-Ju-
barbeau	écheveau	meau (ville
bardeau	empeau	maniveau
bedeau	étourneau	meneau
bigarreau	faisceau	méreau
biseau	fardeau	moineau
blaireau	fricandeau	Moreau
Boileau	fuseau	morveau
bouleau	gâteau	oripeau
cadeau	godelureau	pinceau
cerneau	godiveau	poireau
chalumeau	grumeau	ponceau
chanteau	hameau (le	roseau
chéneau	hobereau (le	serdeau
claveau	lambeau	sureau
copeau	linteau	tréteau
corbeau	liteau	vireveau.

Un grand nombre de ces mots pour—raient rentrer dans la liste précédente, mais avec quelque difficulté. Nous avons préféré de les donner à part.

5°. Face , *ot.*

1°. Les mots qui ont un *t* dans les dérivés,

abricot,   *abricotier.*

argot,   *argoter.*

bachot,   *bachotage.*

bimbelot,   *bimbelotier.*

cahot,   *cahoter.*

chicot,   *chicoter.*

complot,   *comploter.*

culot,   *culotte.*

</td><td>

écot,   *écoter.*

ergot,   *ergoter.*

fagot,   *fagoté.*

flot,   *flotter.*

garrot,   *garrotter.*

margot,   *margoton.*

mot,   *motif.*

picot,   *picoter.*

pivot,   *pivoter.*

pot,   *potage.*

prévôt,   *prévôté.*

tarot,   *taroté.*

trot,   *trotter.*

Turgot,   *turgotine,* etc.

2°. Dans les mots suivants ·

Amiot	galipot	minot
angelot	godenot	mulot
bardot	goulot	nabot
berlingot	haricot (le	pálot
bichot	hochepot	paquebot
billot	Hottentot	pavot
brûlot	îlot	persicot
cachalot	jabot	pied-bot
camelot	javelot	poulot
chabot	Jeannot	Talbot
chariot	Lancelot	Tiennot
coquelicot	larigot	Vertot
cuissot	machicot	Yvetot.
Diderot	magot	
écharbot	Marot	goth
escarbot	matelot	ostrogoth
escargot	mélilot	visigoth.
fallot	mercerot	

</td></tr>
</table>

6°. Face, *or*.

1°. Dans les noms propres suivants :

Agénor	Médor
Anténor	Mentor
Belphégor	Nabuchodono-
Endor (*la py-*	sor
thonisse d'	Nestor
Hector	Stentor, etc.

2°.

athanor	messidor
butor	or, *métal*
castor (un	or, *écoutez*
confitéor (*dire*	quatuor, pr.
son	*koua*
cor *aux pieds*	salicor
cor *de chasse*	thermidor
corrégidor	trésor
corridor	tricólor (un.
essor	Voir l'adjectif
fructidor	dans la liste sui-
major	vante.
matador	

ore

dans les noms propres suivants :

Bosphore	Pandore
Diodore	Polydore
Éléonore	Pythagore
Flore	Stésichore
Héliodore	Terpsichore
Isidore	Théodore,

et quelques autres noms propres.

3°. Dans les mots suivants :

amphore	biflore
aurore	carnivore

chlore	pécore
cistophore	phosphore
ellébore	pléthore
éphore	pylore
épiphore	pyrophore
frelore	sonore
frugivore	store
herbivore	sycomore
hydrophore	tore
madrépore	tricolore (dra-
matamore	peau
métaphore	uniflore
météore	
mirliflore	*orrhe.*
omnivore	gomorrhe.
pauciflore	

ord.

abord,	*aborder.*
accord,	*accorder.*
discord,	*discorde,* etc.

lord (un	sabord
milord	stribord.
nord	tribord.
Périgord	

ords, orps, ors.

remords.	fors
	hors
corps.	mors, morsure
	tors, torse
alors	détors
Cahors	retors.
dehors	

ort.

Les mots suivants qui ont *t* dans la famille :

accort,	*accorte.*
fort,	
effort,	} *forte.*
reconfort,	
mort,	} *morte.*
malemort,	
port,	
apport, rapport,	} *porter.*
report, support,	

sort,	} *sortir.*
ressort,	

or par *aur.*

Maur (Saint-	saur (hareng.

or par *aure.*

Aglaure	Laure
Bucentaure	Maure (un
Centaure	minotaure (le
Épidaure	saure (cheval
Isaure	taure (une.

TRENTE-TROISIÈME DÉ.

1re. Face, OI.

oiseau	cloître
loisir	croître, etc.
émoi	goître.

Nota. Il n'y a que les trois derniers mots qui prennent l'accent circonflexe ; le son *oi* s'écrit oi.

EXCEPTÉ

1°. Dans les deux substantifs masculins suivants :

foie (le	rabat-joie (un.

2°. Dans les mots féminins suivants :

Avoie (*rue Sainte-*	lamproie
broie	oie
charmoie	pâtiasoie
clairevoie	patte-d'oie
courroie	Pistoie
	proie

soie (de la	voie (*chemin.*
Troie (*siége de*	

3°. Dans :

aboiement,	*d'aboyer.*
dévoiement,	*dévoyer.*
foudroiement,	*foudroyer.*
fourvoiement,	*fourvoyer.*
larmoiement,	*larmoyer,* etc.

On écrit aussi *aboîment, aboiment,* etc., avec ou sans accent circonflexe.

4°. froid,	*froide.*
5°. doigt,	*digitale.*
6°. poids,	*pondération.*

7°. Voir les faces suivantes.

2°. Face, *ois*.

1°. Les mots qui ont un *s* dans la famille :

Arbois,	*arboisien.*
Artois (l'	*artésien.*
bois,	*boiser.*
bourgeois,	*bourgeoisie.*
chamois,	*chamoiseur.*
Cauchois,	*Cauchoise.*
Champenois,	*Champenoise.*
fois (une,	*foisonner.*
autrefois.	
quelquefois, etc.	
empois,	*empeser.*
François,	*Françoise.*
Gaulois,	*Gauloise.*
Grégeois,	*Grégeoise.*
grivois,	*grivoise.*
Liégeois,	*Liégeoise.*
pavois,	*pavoiser.*
souriquois,	*souriquoise.*
trois,	*troisième.*
Vaudois,	*Vaudoise*, etc.

2°. Les mots suivants :

alénois (cresson	mois
anchois	narquois
bavois	patois
Blois (ville)	pois *à manger*
carquois	pois (*petits*
Dubois	putois
Dunois	sournois, sour-
gravois	noise
guingois	tapinois (en
haut-bois	tournois (*une*
minois	*livre*

3°. Face, *oit*.

Dans les mots qui ont un *t* dans la famille :

adroit,	*adroite.*
Benoit,	*Benoite.*
détroit,	*étroite.*
droit,	*droiture.*
endroit,	*droit.*
étroit,	*étroite.*
exploit,	*exploiter.*
surcroît,	*croître.*
toit,	*toiture.*

4°. Face, *oix.*

choix	noix
croix	casse-noix
porte-croix	poix (de la
rose-croix	voix
Foix (ville)	abat-voix
Mirepoix (ville)	porte-voix.

5°. Face, *oir.*

1°. Les substantifs masculins qui peuvent changer *oir* en *ant :*

abreuvoir,	*abreuvant.*
boudoir,	*boudant.*
devoir,	*devant.*
égouttoir,	*égouttant.*
égrugeoir,	*égrugeant.*
savoir,	*savant*, etc.

2°. Les substantifs masculins suivants :

aspersoir	espoir
birloir	dortoir
désespoir	greffoir

loir (un	ostensoir (un
Loir (le) rivière	soir, *bonsoir*.

Ajoutez le mot suivant, mais qui se fait précéder d'une *h :*

hoir,	*hoirie.*

3°. L'adjectif

noir, féminin *noire.*

4°. Les verbes

apparoir	décevoir
appercevoir	concevoir
asseoir	percevoir
avoir	mouvoir
chaloir	pouvoir
choir, déchoir	voir.

Règle.

Tous les autres mots de cette finale s'écrivent *oire.* Ce sont 1°. les deux verbes

boire	croire
emboire	accroire
	décroire.

2°. Les substantifs féminins :

armoire	baignoire

balançoire	Loire (la
décrottoire	mâchoire
écritoire	victoire.
gloire	

3°. Tous les adjectifs masculins, excepté *noir,* et tous les adjectifs féminins :

accessoire	oscillatoire
inflammatoire	vexatoire, etc.

4°. Les substantifs masculins où le son *oir* est inconvertible d'*oir* en ant :

auditoire	Grégoire
directoire	mémoire (un,
	etc.

AJOUTEZ

consistoire, qui pourtant a *consistant.*

6ᵉ. Face, *oy.*

aloyau	moyen
boyau	moyennant
noyer (un	tutoyer, etc.
noyer (se	

Lorsque le son *oi* est suivi du son *i,* comme dans *boyau,* les deux *i* se changent en *y.*

TRENTE-QUATRIÈME DÉ.

1ʳᵉ. Face, *on.*

ondoiement	ponctuer
ponctuation	sablon, etc.

Le son *on* s'écrit *on,*

EXCEPTÉ

1°. donc, viens donc.

jonc	Taon (un, PR.
tronc	*ton.*
long	Châlons
oblong.	reculons (à
Saint-Laon,	répons (un
PR. *lon*	Soissons (ville)

Tâtons (à.

~~~~~~

fonds (vendre
son
tréfonds (le.

~~~~~~

comte (*M. le*
compte
comptant
    (*payer*

dompter, ou
domter.
plomb (du.
   à-plomb.

~~~~~~

pensum, PR. *on*
punch, PR. *pon-*
  che
rumb
junte.

2°. Voir les faces suivantes.

2°. Face, *om.*

| ombelle | triomphe |
| bombe | pompe, etc. |

Le son *on* s'écrit *om* devant *b* et *p,*

EXCEPTÉ dans

| bonbon | embonpoint |
| bonbonnière | nonpareil. |

3°. Face, *ond.*

1°. Dans les mots qui ont un *d* sonore
dans la famille.

blond,	*blondin.*
bond,	*bondir.*
fond,	*fonder.*
plafond,	
moribond,	*moribonde.*
rond,	*ronde.*
second,	*seconde,* etc.

2°. Dans

| gond | Sigismond |
| Pharamond | Sirmond. |

4°. Face, *ont.*

1°. Dans les mots suivants qui ont un
t sonore dans la famille.

affront,	*affronter.*
amont,	*mont.*
contremont,	*mont.*
front,	*fronton.*
mont,	*montée.*
pont,	*ponton.*
rodomont,	*rodomontade,*
	etc.

2°. Les mots suivants :

Bachaumont	giraumont
Chaumont	Grammont
Clermont	Hellespont
dont, ce *dont* il	Piémont
parle	(royaume)
Dupont	Van-Helmont
Evremont	Négrepont
(Saint-	Talmont.

5°. Face, *onn,* PR. *o...nne.*

cotonnier,	} *coton.*
cotonneux,	
boutonnier	*bouton,* etc.

Voir le double *nn,* 23°. dé.

6°. Face, *ion.*

| bastion | caution, etc. |

Le son *ion* s'écrit *ion,*

EXCEPTÉ dans

alcyon, oiseau de mer.
~~~~~~

TRENTE-CINQUIÈME DÉ.

1re. Face, *ou.*

outil, outiller	filou
moutardier	joujou
écrou	clou, etc.

Le son *ou* s'écrit *ou,*

EXCEPTÉ

1°. Dans

Saint-Cloud	beaucoup
pouls, *pulsa-*	coup (*pour le.*
tion	

2°.

absous,	*absoute.*
dissous,	*dissoute.*
résous,	*résoute.*

dessous (en	sous *la table*
nous	vous.

3°. Et les pluriels suivants des mots en *ou :*

clous, si g.	fous, *fou*
clou	filous, *filou*
cous, *cou*	*matous*, etc.

On verra dans la 3e. face *choux*, et autres mots en *oux.*

4°. aquatile,

PR. *koua*	quadrature
équateur	quadrige
équation	quadrilatère
in-quarto	quadruple
quadragésime	quadrupède
quadrangulaire	quamquam
	quaker

quaterne	koua
quinquagési-	liquation, PR.
me, PR. *kuin-*	koua.

5°. Voir les faces suivantes.

2e. Face, *out.*

1°. Dans les mots qui ont un *t* sonore dans la famille.

août,	*aoûté.*
bout, about, debout,	} *aboutir.*
coût,	*coûter.*
égoût,	*égoutter.*
goût, dégoût,	} *goûter.*
tout, etc. partout,	} *toute.*

2°.

Bezout	moût
marabout	vermout.

3e. Face, *oux.*

1°. Dans les mots suivants,

courroux,	*courroucer.*
doux,	*douce.*
époux,	*épouser.*
jaloux,	*jalouse.*
roux,	*rousse.*
sain-doux,	*douce.*
toux,	*tousser.*

2°. Château-roux (ville) | houx (le
chiaoux (un | porte-choux
gabeloux (un | Trévoux.

3°. Les pluriels des mots *chou, bijou,* etc.

choux, | chou.
bijoux, | bijou.
cailloux, | caillou.
genoux, | genou.
hiboux, | hibou.
poux, | pou.

4°. Face, *our.*

amour | jour
carrefour | labour
alentour | pour *moi*
entour | tour (la
gour (un | tour (un.

Le son *our* s'écrit *our,*

EXCEPTÉ

1°. Dans *gourd, gourde, engourdi.*
lourd, | lourde.
 balourd,
sourd, | sourde.

2°. bourg (un | tres noms de
calembourg | ville.
Cherbourg | Bourg, ville,
faubourg | se prononce
Strasbourg et | bourk.
quelques au-

3°. bravoure | goure (une
Collioure(ville) | paudoure.

4°. bourre | tire-bourre.

5°. cours | secours
concours | rebours
décours | toujours
discours | Tours (ville)
recours | velours.

6°. brassicourt | Harcourt (col-
d'Ablancourt | lège d'.

5ᵉ. Face, *un.*

1°. Les mots qui ont un *n* sonore dans la famille :
alun, | aluner.
aucun, | aucune.
brun, | brune.
commun, | commune.
tribun, | tribune.
un, | une, etc.

2°. diaprun | petun.
nerprun

3°. Autun(ville) | Verdun (ville)
Loudun (ville) | Yverdun(ville).
Melun (ville)

Le son *un* s'écrit *unt* dans
défunt, | défunte.
emprunt, | emprunter,
et par *um* dans
parfum, | parfumer.

Voir les mots *um,* comme *factum,* PR. *facto...me.*

Par *eun* dans
jeûn (être à | Meun (Jean de.

6ᵉ. Face, *une.*

aucune | brune, etc.,

EXCEPTÉ

hune, | mât de hune.

TRENTE-SIXIÈME DÉ.

1re. Face, *u*.

ulcérer	lustucru
turlupin	bourru, etc.

Le son *u* s'écrit *u*,

EXCEPTÉ

1°. Dans les mots suivants :

affût	lut, *luter*
attribut,	institut
bahut	préciput
Belzébut	rebut
but, *buter*	salut
comput, *comp-*	scorbut
ter.	statut (un
constitut	substitut
début	tribut (un.

2°. cul-de-jatte | cul-de-lampe.

flux, | *reflux*.

3°. huard (le | huis, *à huis*
huche (la | *clos*
hucher | huissier
hue ! | hutte (la
huer (*je vais le* | huit (le
huette (la | huitaine (la
huguenot | huître (l'
huguenotte (la |
hui, *d'hui en* 8 | cohue (une.
huile (de l' |

4°. Voir les faces suivantes :

2e. Face, *û*.

affûter	piqûre
chûte	sûr, sûre
flûte	nous parûmes,
fûtaille	etc.
mûr, mûre	*Voir les verbes,*
mûre (une	5e. *section*.
parachûte	

3e. Face, *ü*.

Esaü	Achéloüs
Saül	Imaüs, etc.
Amphiaraüs	

4e. Face, *ue*.

bévue	cornue, *cornu*
besaiguë	grue
charrue	nue (la
cornue (une	tortue (la, etc.

et autres substantifs et adjectifs fémi-nins,

EXCEPTÉ

bru (la	vertu.
glu, *gluant*	

5e. Face, *us*.

1°. abstrus,	*abstruse.*
abus,	*abuser.*
camus,	*camuse.*
confus,	*confuse.*
contus,	*contuse.*

obtus,	*obtuse.*
diffus,	*diffuse.*
inclus,	*incluse.*
perclus	*percluse.*
reclus,	*recluse.*
infus,	*infuse.*
intrus,	*intruse.*
plus,	*plusieurs,* etc.
surplus,	

2°. cabus (chou | pus
dessus | sus
Jésus | talus
jus | verjus.

Voir les mots en *us*, où *s* est sonore. Ce sont presque tous des noms propres, comme *Plutus.*

6°. Face, *ur.*

admittatur	Namur
Arthur	obscur
azur	pur, *impur*
déléatur	Saumur
fémur	Sémur
futur (le	sur la table
gur, *toile*	sur, aigre
mur (un	Tibur.

Les autres mots de cette finale sont en *ure.*

gageure (une	questure PR.
mangeure (une	*kuc*
morsure	rancissure, etc.
murmure (un	

TRENTE-SEPTIÈME DÉ.

1re. Face, AN.

anticiper	Artaban
bandelette	musulman, etc.

Le son *an* s'écrit *an*,

EXCEPTÉ

1°. Dans les mots suivants :

appré*hen*der	*han*gar (le
*Hen*ri	*han*che (la.
*Hen*riette	

2°. *han*mpe (la.

3°. Caen | Jean.

4°. Ad*am* | d*am* (à son
Amsterd*am* | quid*am*, PR. *ki-*
beir*am* | *dan.*

5°. Voir le reste de la section.

2e. Face, *am.*

Ambroise	amphibie
pampre	ambre, etc.

Au lieu de s'écrire *an*, ce son s'écrit *am* devant les lettres *b et p.*

3e. Face, *en.*

1°. Dans les mots composés :

encadrer, | cadre.

encaisser,	*caisse.*
encan,	
encaustique,	*caustique.*
encaver,	*cave.*
encens,	*incendie.*
	cendre.
enchanter,	*chant.*
enchérir,	*cher.*
enchevêtrer,	*chevêtre.*
enchifrener,	*frénésie.*
enclavé,	*clé.*
enclore,	*clore.*
encolure,	*col.*
encombre,	*décombre.*
encontre,	*contre.*
encore,	*or, venez donc.*
encyclique,	*cycle.*
encyclopédie,	*cycle.*
endémique,	*épidémique.*
	démocrate.
endenté,	*denté.*
endêver,	
endiabler,	} *diable.*
endosse,	*dos.*
endroit,	*droit.*
enfant,	*infant.*
enfer,	*infernal.*
enfermer,	*fermer.*
enferrer,	*fer.*
enfin,	*à la fin.*
enfler,	*gonfler.*
	souffler.
enfoncer,	*fond.*
enfreindre,	*chanfreindre.*
enfroquer,	*froc.*

engager,	*gage.*
engendrer,	*régénérer.*
	gendre.
engloutir,	*glouton.*
engouer,	
engouffrer,	*gouffre.*
engrais,	*graisser.*
engrener,	*grain.*
enhardir,	*hardi.*
enharnacher,	*harnais.*
en..ivrer,	*ivre,* PR. *an...*
	nivré.
enjeu, enjoué,	*jeu.*
enlacer,	*lacer, lacs.*
en..noblir,	*noble.*
en..nuyer,	*nuit.*
enquérir,	*quérir.*
envoyer,	*voie.*
enrhumer,	*rhume.*
enrouiller,	*rouille.*
ensanglanter,	*sang.*
enseigne,	*signe.*
ensemble,	*semblable.*
enserrer,	*serrer.*
ensevelir,	*sépulture.*
ensorceler,	*sorcier.*
ensuite,	*suite.*
entamer,	
entasser,	*tas.*
entendre,	*tendre.*
entériner,	*intègre.*
	réintégrer.
enterrer,	*terre.*
entêté,	*tête.*
entier,	*intègre.*

entonner,   *ton.*

           tonne, tonneau.

entre,   } *intermédiaire.*

entremettre, }

entrailles,   *intestins.*

entrechat,   *intrigue.*

entrer,   *intrant.*

envahir,   *invasion.*

envelopper,   *involucre.*

enverguer,   *vergues.*

envers,   *vers.*

environ,   *virer.*

envoyer,   *voie,*

et autres composés faciles à reconnaître.

Les mots surcomposés s'écrivent de même par *en.*

rencontre,   *encontre,   contre.*

renfler,   *enfler,   reflet.*

rentrer,   *entrer,* etc.

2°. amender   dyssenterie

ascendant   entier

attention   gendarme

augmenter   gencive

Bucentaure   gentiane

calendrier   lendore

cendre, ciné-   lentille

    raire   mentir

censure   nomenclature

censé, recenser   ostensible

centaine   ostensoir

centaurée   parenchyme

centon   penser

commencer   compenser

contention   dépenser

denrée   ramentevoir

renfort   tenter

sensorium   térébenthine

sentence   transcendant

sentène   ustensile

sentier   vendange

sentine   Vendée

sentinelle   ventail *d'un*

sédentaire   *casque*

sustenter   vantail *d'une*

tarentule   *porte.*

tension   ventru.

3°. Dans les syllabes pénultièmes suivantes :

Fulgence   silence

Maxence   Térence.

Mézence

~~~~~~~~~~~~

audience   magnificence

concupiscence   obédience

connivence   omnipotence

crédence   potence

désinence   préférence

essence   résipiscence

existence   réticence

expérience   sapience

Florence   semence

jouvence   science

licence   sentence.

Ajoutez tous les substantifs de cette désinence formés des mots en *ent,* comme

adolescence,   *adolescent.*

éloquence,   *éloquent.*

patience,   *patient,* etc.
~~~~~~~~~~~~

encre *pour écrire*
ancre d'un navire

amende, amen-
der
(*amande*, fruit)
calendes (les

cendre
gendre
et les infinitifs
fendre, *défen-*
dre
pendre, *dépen-*
dre
prendre
et les composés et analogues
genre.

accense
acense
castrense
défense
dense, *épais*
dispense
impense

Charente (la
charpente
fiente
lente (une
népente
Salente
et les mots formés de ceux en *ent, ment,*
comme dans les mots suivants :

prébende
provende.

dividende
légende
componende.

scolopendre
tendre (qui est,
apprendre, etc.
tendre
attendre
prétendre, etc.
vendre,

Hortense
immense
intense
mense
commensal
offense
récompense
suspense.

tangente
Tarente
trente.

centre
ventre,

prudente,   *prudent.*
tourmente,   *tourment.*

4e. Face, *em.*

Au lieu d'écrire *en*, on écrit *em* devant *b, p* et *m.*

1°. emballer,   *balle.*
embarquer,   *barque.*
embargo,   *barque*
embarras,   *barre.*
embraser,   *brasier.*
embrasser,   *bras.*
embâter,   *bât.*
embaucher,
embaumer,   *baume.*
emblaver,   *blé.*
embrener,   *bran.*
embûche,   *bûche.*
em...magasi-
ner,   *magasin.*
emmaillotter   *maillot.*
emménager   *ménager.*
emmener,   *mener.*
empailler,   *paille.*
empaler,   *pal, pièce.*
empaumer,   *paume.*
empenné,   *penne,* plume.
empereur,
empire,   } *impérial.*
empirique,
empeser,   } *peser.*
empois,
emphase,   *phase.*
emplâtre,   *plastron.*
emplette,   *emplir, plein.*

employer,	*ployer.*
emplumé,	*plumé.*
empoigner,	*poignée, poing.*
empoisser,	*poix.*
empoisonner,	*poison.*
empoissonner,	*poisson.*
emporter,	*porter.*
empoter,	*pot.*
emprunter,	*prêter,*

et autres mots composés faciles à reconnaître.

2°.
calembourg	sembler, as-
calembredaine	sembler
contempler	septembre
décembre	tempe
exemple	tempête
gingembre	temple
Luxembourg	trembler
membre	trempe
novembre	tremper
	Vissembourg.

5e. Face, *ant* final.

1°. Tous les mots en *ant*, venant d'un verbe par le simple changement de la finale.

allant,	*aller.*
aimant,	*aimer.*
brillant,	*briller.*
calmant,	*calmer.*
charmant,	*charmer,* etc.
équivalant,	*équivaloir.*
intriguant,	*intriguer.*

Nota. Il y a quelques mots, comme un *résident*, un *président*, qui, quoique venus de *résider*, résidant, *présider*, présidant, s'écrivent *ent* dans cette circonstance. *Voir la face suivante :*

2°. Les mots suivants :

adjudant	fornicant
adragant	galant
aimant (de l'	gant
amant	géant
ambiant	intendant
arrogant	intrigant
ascendant	lieutenant
avant	manant
béant	méchant
cependant	mordicant
chant	négromant
clinquant	pacant
clopin-clopant	pédant
confiscant	prédicant
convaincant	quant *à moi*
devant	radicant
diamant	suffocant
dirimant	tant *pour tant*
élégant	vacant
éléphant	vaillant
enfant	varrant, *jugement*
infant	
fainéant	vigilant.

6e. Face, *ent.*

1°. Dans les mots suivants :

abstergent	inhérent
accent	adjacent
accident	jacent
coïncident	agent
incident	antécédent
adhérent	précédent
cohérent	apparent
incohérent	transparent

ardent
argent
astringent
  constringent
  restringent
auvent
avent (l'
Bénévent
cent, centaine
client
compétent
concurrent
  décurrent
  occurrent
  récurrent
confident
confluent
  affluent
  effluent
congruent
conséquent
  subséquent
content
  mécontent
continent
  abstinent
  incontinent
contingent
convergent
  divergent
corpulent
couvent.

décent
détergent
  abstergent

dent
  brèche-dent
  chiendent
  trident
déponent
différent
  afférent
  déférent
  indifférent
diligent
dissident
dolent
efficient
  coefficient
  déficient
éloquent
émergent
  immergent
éminent
  imminent
  proéminent
émollient
  entregent
équipollent (l'
équivalent
escient (à mon
évident
excellent
excipient (un
  récipient
exigent (il est
expédient
féculent
fervent
fréquent
gent, gente

impotent
imprudent
impudent
inconvénient
indigent
indulgent
ingrédient
innocent
intelligent
intercadent
intermittent
  rémittent
  irrévérent
latent
négligent
occident
onguent
opulent
orient
parent
patent
patient
pénitent
permanent
pertinent
  impertinent
pestilent
ponent (le
potent, *potentiel*
impotent

présent (un
président (un
prudent
pulvérulent
quotient
récent
réfringent
régent
relent
résident (un
sanguinolent
sergent
serpent
souvent
succulent
talent
torrent
truculent
turbulent
urgent
véhément
vent
  contrevent
  évent
  paravent, etc.
violent
virulent.

Nota. Les mots de cette liste, comme un *adhérent*, un *président*, il est *exigent*, etc., s'écrivent par *ant*, quand ils sont employés comme participes actifs :

En *adhérant* à cela,

en *présidant* votre assemblée, || adolescent | convalescent,
et en *exigeant* le silence, etc. || | etc.

2°. Les mots terminés en *escent :* || Voir la liste de ces mots, *page* 32.

TRENTE-HUITIÈME DÉ.

1re. Face, AND. || 2e. Face, *end.*

1°. allemand, *allemande.* || différend (un | révérend *père.*
brigand, *brigandage.* || refend (mur de |
chaland, *chalandise.*
command, *commander.* || 3e. Face, *ang.*
flamand, *flamande.*
friand, *friande.* || étang , *sta-* | rang
gland, *glandée.* || *gnant* | sang.
gourmand, *gourmande.* || orang-outang |
grand, *grande.*
marchand, *marchande.* || 4e. Face, *eng.*
normand, *normande.*
ordinand, LAT. *ordinan-* || hareng ; *harengère.*
dus.
Roland, *Rolandet.* || 5e. Face, *anc.*
tisserand, *tisseranderie,*
etc. || banc, *banquette.*
|| blanc, *blanche,*
2°. Les mots suivants : || ferblanc, *blanquette.*
|| flanc, *flanquer.*
|| franc, *franquette.*

Amand (Saint | Maryland (le
Childebrand | Northumber- || 6e. Face, *aon,* PR. *an.*
Cumberland | land
Ferdinand | Osterland || faon | paon.
Gand (ville) | quand viens-tu? || Laon (ville) |
Groenland | Rutland
Jutland (le | Sas-de-Gand. || On a vu que Saint-*Laon* et *taon* se
|| prononcent *Lon, ton.*

TRENTE-NEUVIÈME DÉ.

1re. Face, *ans.*

céans	Mans (le (ville)
dans l'*église*	Orléans (ville)
dedans	Ornans (ville)
haubans (les	Romans (ville)
léans.	sans *moi.*

2e. Face, *amp.*

camp,	*camper.*
champ,	*champêtre.*

wwwwwwww

Fécamp (ville)	Longchamp.
guincamp	

3e. Face, *ens.*

apens	
guet-apens,	*suspension.*
cens, censé,	*recenser.*
dépens,	*dépenser.*
encens,	*encenser.*
gens,	*gendarme.*
sens,	*sensible.*
suspens,	*suspensif.*

4e. Face, *emps.*

contretemps	temps.
printemps	

5e. Face, *empt.*

ex*empt*,	} PR. *an.*
ex*empter*,	

6e. Face, *ment.*

1°. Les substantifs dérivés des verbes :

affranchisse-ment,	*affranchir.*
argument,	*arguer.*
arrangement,	*arranger.*
arrhement,	*arrher.*
blanchîment,	*blanchir.*
ciment,	*cimenter.*
échappement,	*échapper.*
ensorcellement,	*ensorceler.*
ferment,	*fermenter.*
firmament,	*affermir.*
froncement,	*froncer.*
tutoiement,	*tutoyer*, etc.

2°. Le substantif suivant qui ne vient pas d'un verbe :

aisément (un,	*outil.*

3°. Et l'adjectif,

clément,	*clémente.*

4°. Les adverbes de manière :

absolument	gaîment
formellement	joliment, etc.

On a vu, page 38, quand ces mots doublent le *m*, comme dans

arrogamment	ardemment
puissamment	comment, etc.

CINQUIÈME SECTION.

Les 12 dés qui terminent le Pantographe sont consacrés à la conjugaison.
Les trois premiers donnent les personnatifs du singulier *je, j', tu, il, elle, on.*
Les trois suivants donnent les finales des trois personnes correspondantes.
Sur un seul dé on trouve les finales de la première, savoir :

    ai, comme dans je frapper*ai* et je frapp*ai.*

    ais, comme dans je frapper*ais* et je frapp*ais.*

    e, comme dans je frapp*e.*

    s, comme dans je nourri*s.*

    x, comme dans je peu*x*, je veu*x*, je vau*x.*

    ds, comme dans je ren*ds*, je répon*ds*, je cou*ds.*

Un autre dé donne également par ses six faces toutes les finales de la deuxième
personne du singulier, et un troisième celles de la troisième.

Les six autres dés sont pour le pluriel.

Voir le Pantographe, ou le tableau figuré, *page* 95.

Mais pour composer sans faute avec le Pantographe, il faut acquérir par la
pratique la connaissance et l'habitude de la conjugaison.

Le seul moyen facile d'y parvenir, est de copier, par le Pantographe, les
modèles, *pages suivantes;* de conjuguer un grand nombre d'autres verbes réguliers; d'écrire aussi plusieurs fois le tableau des verbes irréguliers, et de les
réciter tout haut, afin d'y accoutumer l'oreille.

FRAPPER.

Modèle de conjugaison pour les verbes en ER.

Il faut frapp*er*, *j'aurai* frappé.

	SINGULIER.	PLURIEL.
1	je frapper*ai*,	nous frapper*ons*,
	tu frapper*as*,	vous frapper*ez*,
	il frapper*a*,	ils frapper*ont*.
2	je frapper*ais*,	nous frapper*ions*,
	tu frapper*ais*,	vous frapper*iez*,
	il frapper*ait*,	ils frapper*aient*.

	SINGULIER.	PLURIEL.
3	je frapp*ai*,	nous frapp*âmes*,
	tu frapp*as*,	vous frapp*âtes*,
	il frapp*a*,	ils frapp*èrent*.

4	que je frapp*asse*,	que nous frapp*assions*,
	que tu frapp*asses*,	que vous frapp*assiez*,
	qu'il frapp*ât*,	qu' ils frapp*assent*.

5	je frapp*ais*,	nous frapp*ions*,
	tu frapp*ais*,	vous frapp*iez*,
	il frapp*ait*,	ils frapp*aient*.

6	que je frapp*e*,	que nous frapp*ions*,
	que tu frapp*es*,	que vous frapp*iez*,
	qu' il frapp*e*,	qu' ils frapp*ent*.

7	je frapp*e*,	nous frapp*ons*,
	tu frapp*es*,	vous frapp*ez*,
	il frapp*e*,	ils frapp*ent*.

8	frapp*e*,	frapp*ons*,
		frapp*ez*.

frapp*ant*.

Ainsi se conjuguent *aimer*, *placer*, *commencer*, *prier*, *manger*, etc., et 5500 verbes en *er*. Il n'y a d'irréguliers qu'*aller* et *envoyer*; voir le tableau des verbes irréguliers, *page* 85 et *suivantes*.

Nota. Au temps 5 et au temps 6, *prier* et autres verbes semblables conservent les deux *ii*, ce matin, nous *priions*, vous *priiez*; il faut que nous *pri..ions*, que vous *pri..iez*. Devant *a* et *o*, on écrit avec une cédille, je plaçai, tu plaças, plaçons, etc. Devant les mêmes lettres on écrit je mangeai, etc. L'*e* intercalé remplace la cédille.

NOURRIR.

Modèle de conjugaison pour les verbes en IR.

Il faut nourr*ir*; *j'aurai* nourr*i*.

	SINGULIER.	PLURIEL.
1	je nourrir*ai*,	nous nourrir*ons*,
	tu nourrir*as*,	vous nourrir*ez*,
	il nourrir*a*,	ils nourrir*ont*.
2	je nourrir*ais*,	nous nourrir*ions*,
	tu nourrir*ais*,	vous nourrir*iez*,
	il nourrir*ait*,	ils nourrir*aient*.
3	je nourri*s*,	nous nourr*îmes*,
	tu nourri*s*,	vous nourr*îtes*,
	il nourri*t*,	ils nourr*irent*.
4	que je nourri*sse*,	que nous nourri*ssions*,
	que tu nourri*sses*,	que vous nourri*ssiez*,
	qu' il nourr*ît*,	qu' ils nourri*ssent*.
5	je nourriss*ais*,	nous nourriss*ions*,
	tu nourriss*ais*,	vous nourriss*iez*,
	il nourriss*ait*,	ils nourriss*aient*.
6	que je nourri*sse*,	que nous nourri*ssions*,
	tu nourri*sses*,	que vous nourri*ssiez*,
	il nourri*sse*,	qu' ils nourri*ssent*.
7	je nourri*s*,	nous nourri*ssons*,
	tu nourri*s*,	vous nourri*ssez*,
	il nourri*t*,	ils nourri*ssent*.
8	nourri*s*,	nourri*ssons*,
		nourri*ssez*.

nourriss*ant*.

Ainsi se conjuguent *agir*, *finir* et les 5oo autres verbes en *ir*, à quelques-uns près. Voir le tableau des verbes irréguliers.

Le petit nombre des verbes qui ne sont ni en *er* ni en *ir*, sont tous rapportés dans le tableau suivant, ainsi que les autres verbes irréguliers.

Tableau alphabétique de tous les verbes irréguliers.

Acquérir,

j'ai acquis

1 j'acquerrai
3 j'acquis
5 j'acquérais
6 que j'acquière,
   etc.
nous acquérions
vous acquériez
ils acquièrent
7 j'acquiers, etc.
nous acquérons
vous acquérez
ils acquièrent
8 acquiers
acquérons
acquérez
acquérant.

~~~~~~~~~~

conquérir
enquérir
requérir.

Aller,

je suis allé

1 j'irai
3 j'allai
5 j'allais
6 que j'aille, etc.
nous allions
vous alliez
ils aillent
7 je vais
tu vas
il va

nous allons
vous allez
ils vont
8 va
allons
allez
allant.

Asseoir,

je suis assis

1 j'asseoirai
3 j'assis
5 j'asseoyais
6 que j'asseoie
que tu asseoies
qu'il asseoie
que nous as—
   seoyions
que vous as—
   seoyiez
qu'ils asseoient
7 j'asseois, etc.
nous asseoyons
vous asseoyez
ils asseoient
8 asseois
asseoyons
asseoyez
asseoyant.
~~~~~~~~~~

rasseoir.

Avoir,

j'ai eu

1 j'aurai
3 j'eus

5 j'avais
6 que j'aie
tu aies
il ait
nous ayons
vous ayez
ils aient
7 j'ai
tu as
il a
nous avons
vous avez
ils ont
8 aie
ayons
ayez
ayant.
~~~~~~~~~~

ravoir
n'a que l'infinitif.

Boire,

j'ai bu

1 je boirai
3 je bus
5 je buvais
6 que je boive, etc.
nous buvions
vous buviez
ils boivent
7 je bois, etc.
nous buvons
vous buvez
ils boivent
8 bois
buvons

buvez
buvant.
~~~~~~~~~~

s'emboire
je me suis embu
je m'emboirai,
   etc.
reboire.

Bouillir,

j'ai bouilli

1 je bouillirai
3 je bouillis
5 je bouillais
6 que je bouille,
   etc.
7 je bous, etc.
nous bouillons,
8 bous
bouillons
bouillez
bouillant.
~~~~~~~~~~

débouillir
parbouillir
rebouillir.

Braire,

1 je brairai
5 je brayais
6 que je braie, etc.
7 je brais, etc.
nous brayons
vous brayez
ils braient
8 brais
~~~~~~~~~~

brayons
brayez
brayant.

~~~~~~

Bruire,

1 je bruirai
5 je bruyais
bruyant.

Circoncire,

j'ai circoncis
1 je circoncirai
3 je circoncis
5 je circoncisais
7 je circoncis
circoncisant.

Choir,

n'a que chu.

Clore,

j'ai clos
1 je clorai
5 je closais
7 je clos
closant.

~~~~~~

éclore
enclore
reclore
renclore.

Conclure,

j'ai conclu
1 je conclurai
3 je conclus
5 je concluais
7 je conclus
concluant.

~~~~~~

exclure.

Conduire,

j'ai conduit
1 je conduirai
3 je conduisis
5 je conduisais
7 je conduis
conduisant.
déduire
enduire
réduire
séduire.

Courir,

j'ai couru
1 je courrai
3 je courus
5 je courais
7 je cours
courant.
accourir
recourir
secourir.

Confire,

j'ai confit
1 je confirai
3 je confis
5 je confisais
7 je confis
confisant.

Connaître,

j'ai connu
1 je connaîtrai
3 je connus
5 je connaissais
7 je connais, etc.
nous connaissons
vous connaissez
ils connaissent
8   connais
connaissons

connaissez
connaissant.

~~~~~~

conjuguez de
même :
apparaître
comparaître
disparaître
méconnaître
paraître
reconnaître
reparaître.

Construire,

j'ai construit
1 je construirai
3 je construisis
5 je construisais
7 je construis
construisant.

Convoyer,

j'ai convoyé
1 je convoierai
3 je convoyai
5 je convoyais
6 que je convoie,
etc.
que nous con-
voyions
que vous con-
voyiez
qu'ils convoient
7 je convoie, etc.
nous convoyons
vous convoyez
ils convoient
8   convoie
convoyons
convoyez
convoyant.

Croire,

j'ai cru
1 je croirai
3 je crus
5 je croyais
7 je crois
croyant.
accroire
décroire.

Cueillir,

j'ai cueilli
1 je cueillerai
3 je cueillis
5 je cueillais
7 je cueille, etc.
8   cueille
cueillant.
accueillir
recueillir.

Cuire,

j'ai cuit
1 je cuirai
3 je cuisis
5 je cuisais
7 je cuis
cuisant.
recuire.

Décevoir,

j'ai déçu
1 je décevrai
3 je déçus
5 je décevais
6 que je déçoive,
etc.
nous décevions
vous déceviez
ils déçoivent

7 je déçois
nous décevons
vous décevez
ils déçoivent
8 déçois
décevons
décevez
décevant.
apercevoir
concevoir
percevoir
redevoir.

Devoir,
j'ai dû
1 je devrai
3 je dus
5 je devais
6 que je doive, etc.
nous devions
vous deviez
ils doivent
7 je dois, etc.
nous devons
vous devez
ils doivent
8 dois
devons
devez
devant.

Dire,
j'ai dit
1 je dirai
3 je dis
5 je disais
7 je dis, etc.
nous disons
vous dites
ils disent
8 dis
disons
dites
disant.
~~~~~~

redire.
~~~~~~
contredire
dédire
interdire
prédire
font vous *contre-*
disez, etc.
Voir *maudire.*

Dormir,
j'ai dormi
1 je dormirai
3 je dormis
5 je dormais
7 je dors, etc.
nous dormons
vous dormez
ils dorment
8 dors
dormons
dormez
dormant.
~~~~~~
endormir
rendormir.

Échoir,
j'ai échu
je suis échu
1 j'écherrai
3 j'échus,
5 j'échoyais
6 que j'échoie, etc.
nous échoyions
vous échoyiez
ils échoient

7 j'échois, etc.
nous échoyons
vous échoyez
ils échoient
8 échois
échoyons
échoyez
échoyant.
~~~~~~
déchoir.

Écrire,
j'ai écrit
1 j'écrirai
3 j'écrivis
5 j'écrivais
7 j'écris
nous écrivons
vous écrivez
ils écrivent
8 écris
écrivons
écrivez
écrivant.
~~~~~~
décrire
inscrire
prescrire
récrire
souscrire
transcrire.

Envoyer,
j'ai envoyé
1 j'enverrai
3 j'envoyai
5 j'envoyais
6 que j'envoie, etc.
nous envoyions
vous envoyiez
ils envoient

7 j'envoie
nous envoyons
vous envoyez
ils envoient
8 envoie
envoyons
envoyez
envoyant.
~~~~~~
renvoyer.

Être
j'ai été
1 je serai
3 je fus
4 que je fusse, etc.
5 j'étais, etc.
6 que je sois
tu sois
il soit
nous soyons
vous soyez
ils soient
7 je suis
tu es
il est
nous sommes
vous êtes
ils sont
8 sois
soyons
soyez
étant.
~~~~~~

Faillir,
j'ai failli
1 je faudrai
3 je faillis
5 je faillais
7 je faux
~~~~~~

tu faux
il faut
nous faillons
vous faillez
ils faillent
faillant.

défaillir.

Faire,

j'ai fait
1 je ferai
3 je fis
5 je fesais
6 que je fasse, etc.
nous fassions
vous fassiez
ils fassent
7 je fais
tu fais
il fait
nous fesons
vous faites
ils font
8 fais
fesons
faites
fesant.

défaire
refaire
surfaire, se conjuguent comme
faire.
forfaire
malfaire
parfaire
n'ont que l'infinitif
et l'adjectif passif
forfait, etc.

malfait
parfait.

Falloir ,

il a fallu
1 il faudra
3 il fallut
5 il fallait
6 qu'il faille
7 il faut.
Ce verbe n'a que
la 3e. personne du
singulier.

Férir n'a que
j'ai féru.

Florir,

j'ai flori
5 je florissais, etc.
florissant.

Frire ,

j'ai frit
1 je frirai
7 je fris
tu fris
il frit , *le reste*
manque.

Fuir ,

j'ai fui
1 je fuirai
3 je fuis
5 je fuyais
6 que je fuie, etc.
nous fuyions
vous fuyiez
ils fuient
7 je fuis, etc.
nous fuyons
vous fuyez
ils fuient

8 fuis
fuyons
fuyez
fuyant.

s'enfuir.

Gésir,

5 je gisais
7 je gis , etc.
nous gisons
vous gisez
ils gisent
gisant.

Haïr ,

j'ai haï
1 je haïrai
3 je haïs
5 je haïssais
7 je hais, etc.
nous haïssons
vous haïssez
ils haïssent
8 hais
haïssons
haïssez
haïssant.

Lire ,

j'ai lu
1 je lirai
3 je lus
5 je lisais
7 je lis, etc.
nous lisons
vous lisez
ils lisent
8 lis
lisons
lisez
lisant.

élire , réélire ,
relire.

Luire ,

j'ai lui
1 je luirai
5 je luisais
7 je luis, etc.
nous luisons
vous luisez
ils luisent
8 luis
luisons
luisez
luisant.

reluire.

Maudire,

se conjugue comme
dire; mais au temps
5 il fait je *maudis-*
sais , etc.

Mentir ,

j'ai menti
1 je mentirai
3 je mentis
5 je mentais
7 je mens , etc.
nous mentons
vous mentez
ils mentent
8 mens
mentons, etc.
mentant.

démentir.

Mourir,

je suis mort
1 je mourrai

3 je mourus
5 je mourais
6 je meure, etc.
    nous mourions
    vous mouriez
    ils meurent.
7 je meurs, etc.
    nous mourons
    vous mourez
    ils meurent
8 meurs
    mourons
    mourez
    mourant.

Naître,
    être né.
1 je naîtrai
3 je naquis
5 je naissais
7 je nais, etc.
    nous naissons
    vous naissez
    ils naissent
8 nais
    naissons
    naissez
    naissant.
    renaître
    surnaître.

Nuire,
    j'ai nui
1 je nuirai
3 je nuisis
5 je nuisais
7 je nuis, etc.
    nous nuisons
    vous nuisez
    ils nuisent
8 nuis

    nuisons
    nuisez
    nuisant.

Offrir,
    j'ai offert
1 j'offrirai
3 j'offris
5 j'offrais
7 j'offre, etc.
8 offre
    offrant.
    mésoffrir.

Ouir,
    j'ai oui
1 j'ouirai
3 j'ouis. *Le reste*
    manque.

Ouvrir,
    j'ai ouvert
1 j'ouvrirai
3 j'ouvris
5 j'ouvrais
7 j'ouvre, etc.
8 ouvre
    ouvrant.
    couvrir
    découvrir
    entr'ouvrir.

Partir,
    je suis parti
1 je partirai
3 je partis
5 je partais
7 je pars, etc.
    nous partons
    vous partez
    ils partent
9 pars

    partons
    partez
    partant.
    départir
    repartir.
    répartir, comme
    nourrir.

Plaire,
    j'ai plu
1 je plairai
3 je plus
5 je plaisais
7 je plais, etc.
    nous plaisons, etc.
8 plais
    plaisons
    plaisez
    plaisant.
    complaire
    déplaire.

Pleuvoir,
    j'ai plu
1 je pleuvrai
3 je plus
5 je pleuvais
7 je pleus, etc.
    ils pleuvent
8 pleus
    pleuvons
    pleuvez
    pleuvant.

Pourvoir,
    J'ai pourvu
1 je pourvoirai
3 je pourvus
    Le reste comme
    voir.

Pouvoir,
    j'ai pu
1 je pourrai
3 je pus
5 je pouvais
6 que je puisse,
    etc.
7 je peux, etc.
    nous pouvons
    vous pouvez
    ils peuvent
    pouvant.

Prédire,
    j'ai prédit
1 je prédirai
3 je prédis
5 je prédisais
7 je prédis, etc.
    nous prédisons
    ils prédisent
8 prédis
    prédisons
    prédisant.
    Conjuguez de
    même :
    contredire
    dédire
    interdire et
    médire.

Prévoir,
    j'ai prévu
1 je prévoirai, etc.
    Le reste comme
    voir.

Repentir (se,
    je me suis repenti
1 je me repentirai
3 je me repentis

5 je me repentais
7 je me repens, etc.
nous nous re-
pentons
vous vous re-
pentez
ils se repentent
8 repens-toi
repentons-nous
repentez-vous
se repentant.

Rire,
j'ai ri
1 je rirai
3 je ris
5 je riais
nous riions
7 je ris
riant.
~~~~
*sourire.*

**Rompre,**
j'ai rompu
1 je romprai
3 je rompis
5 je rompais
7 je romps
rompant.
~~~~
corrompre.

Saillir,
j'ai sailli
1 je saillerai
3 je saillis
5 je saillais
7 je saille
tu sailles
il saille

8 saille
saillant.
~~~~
*assaillir*
*tressaillir.*

**Savoir,**
j'ai su
1 je saurai
3 je sus
5 je savais
6 je sache, etc.
7 je sais
tu sais
il sait
nous savons
vous savez
ils savent
8 sache
sachons
sachez
sachant.
~~~~

Sentir,
j'ai senti
1 je sentirai
3 je sentis
5 je sentais
7 je sens, etc.
nous sentons
vous sentez
il sentent
8 sens
sentons
sentez
sentant.
~~~~
*pressentir*
*ressentir*
*consentir.*

**Seoir** (*mot inu-
sité*),
sis, sise
1 il siéra
ils siéront
5 il seyait
ils seyaient
6 qu'il siée
qu'ils siéent
7 il sied
ils siéent
séant, seyant.
~~~~
l'Athénée *séant au*
Louvre.
Cette robe vous
seyant bien, pour-
quoi ne pas la met-
tre ?

Servir,
j'ai servi
1 je servirai
3 je servis
5 je servais
7 je sers, etc.
nous servons
vous servez
ils servent
8 sers
servons
servez
servant.
~~~~
*desservir.*

**Sortir,**
je suis sorti
1 je sortirai
3 je sortis
5 je sortais

7 je sors, etc.
nous sortons
vous sortez
ils sortent
8 sors
sortons
sortez
sortant.
~~~~
ressortir.
En style de barreau,
sortir et *ressortir*
sont réguliers ; il
faut que ces deux
clauses *sortissent*
leur effet : nous
ressortissons
à votre tribunal.

Souffrir,
j'ai souffert
1 je souffrirai
3 je souffris
5 je souffrais
7 je souffre, etc.
8 souffre
souffrant.
~~~~

Suffire,
j'ai suffi
1 je suffirai
3 je suffis
5 je suffisais
7 je suffis, etc.
nous suffisons
vous suffisez
ils suffisent
8 suffis
suffisons
suffisez
suffisant.
~~~~

Suivre,

    j'ai suivi
1 je suivrai
3 je suivis
5 je suivais
7 je suis, etc.
    nous suivons
    vous suivez
    ils suivent
8 suis
    suivons
    suivez
    suivant.

Surseóir,

    j'ai sursis
1 je surseoirai
3 je sursis
5 je surseoyais
6 que je surseoie
    que tu surseoies
    qu'il surseoie
    que nous sur-
      seoyions
    que vous sur-
      seoyiez
    qu'ils surseoient
7 je surseois, etc.
    nous surseoyons
    vous surseoyez
    ils surseoient
8 surseois
    surseoyons
    surseoyez
    surseoyant.

Taire,

    j'ai tu
1 je tairai
3 je tus

5 je taisais
7 je tais, etc.
    nous taisons
    vous taisez
    ils taisent
8 tais
    taisons
    taisez
    taisant.

Tenir,

    j'ai tenu
1 je tiendrai
3 je tins
5 je tenais
6 que je tienne,
    etc.
    nous tenions
    vous teniez
    ils tiennent
7 je tiens, etc.
    nous tenons
    vous tenez
    ils tiennent
8 tiens
    tenons
    tenez
    tenant

abstenir
appartenir
contenir
détenir
entretenir
maintenir
retenir
soutenir.

Traire,

    j'ai trait

1 je trairai
5 je trayais
6 que je traie, etc.
    nous trayions
    vous trayiez
    ils traient
7 je trais, etc.
    nous trayons
    vous trayez
    ils traient
8 trais
    trayons
    trayez
    trayant.

distraire
soustraire.

Vaincre,

    j'ai vaincu
1 je vaincrai
3 je vainquis
5 je vainquais
7 je vaincs, *forme*
    peu usitée.
    tu vaincs, *forme*
    peu usitée.
    il vainc, *forme*
    peu usitée.
    nous vainquons
    vous vainquez
    ils vainquent
8 vaincs, *forme*
    peu usitée.
    vainquons
    vainquez
    vainquant.

convaincre.

Valoir,

    j'ai valu
1 je vaudrai
3 je valus
5 je valais
6 que je vaille,
    etc.
    nous valions
    vous valiez
    qu'ils vaillent
7 je vaux
    tu vaux
    il vaut
    nous valons
    vous valez
    ils valent
    valant.
équivaloir
revaloir.

prévaloir est
moins irrégulier,
car il fait au temps 6
que je *prévale*, etc.

Venir,

    je suis venu
1 je viendrai
3 je vins
5 je venais
6 que je vienne,
    etc.
    nous venions
    vous veniez
    qu'ils viennent
7 je viens, etc.
    nous venons
    vous venez
    ils viennent
8 viens

venons
venez
venant.
~~~~  
*convenir*  
*devenir*  
*intervenir*  
*prévenir*  
*revenir*  
*survenir.*  
~~~~  
avenir et *mésavenir*
ne se disent guère
que dans ces phra-
ses :
  il *avient*,
  il *mésavient*,
  s'il *avenait*,
  s'il *mésavenait*,
cela est non *avenu*,
etc.

Vêtir,
  j'ai vêtu
  je suis vêtu

1 je vêtirai
3 je vêtis
5 je vêtais
7 je vêts
  tu vêts
  il vêt, etc.
8 vêts
  vêtant.
~~~~  
*dévêtir*  
*revêtir*,  
mais *investir* reste  
régulier, et se con-  
  jugue comme  
  *nourrir.*

Vivre,  
  j'ai vécu  
1 je vivrai  
3 je vécus  
5 je vivais  
7 je vis, etc.  
  nous vivons  
  vous vivez  
  ils vivent

8 vis  
vivons  
vivez  
vivant.  
~~~~  
survivre.

Voir,
  j'ai vu
1 je verrai
3 je vis
5 je voyais
6 que je voie, etc.
  nous voyions
  vous voyiez
  ils voient
7 je vois, etc.
  nous voyons
  vous voyez
  ils voient
8 vois
  voyons
  voyez

voyant.
~~~~  
*entrevoir*  
*revoir.*

Vouloir,  
  j'ai voulu  
1 je voudrai  
3 je voulus  
5 je voulais  
6 que je veuille,  
  etc.  
  que nous vou-  
    lions  
  que vous vou-  
    liez  
  qu'ils veuillent  
7 je veux, etc.  
  nous voulons  
  vous voulez  
  ils veulent  
8 veuillez  
  voulant.

---

## PARTICIPES, comme *frappé, nourri*, etc.

Leurs diverses constructions avec le verbe *avoir* ou le verbe *être*, d'où résulte leur *accord* ou leur *non accord* avec un substantif.

| | |
|---|---|
| Je crois avoir *frappé*, | Je crois être *frappé*, |
| j'aurai *frappé*, | je serai *frappé*, |
| tu auras *frappé*, | tu seras *frappé*, |
| il aura *frappé*, | il sera *frappé*, |
| elle aura *frappé*, | elle sera *frappée*, |
| nous aurons *frappé*, | nous serons *frappés*, |
| vous aurez *frappé*, | vous serez *frappés*, |
| ils auront *frappé*, | ils seront *frappés*, |
| elles auront *frappé*, | elles seront *frappées.* |
~~~~

Conjuguez de même, dans le 2e., 3e., 4e., 5e., 6e. et 7e. temps, le verbe *avoir* et le verbe *être* avec le participe *frappé;*

et faites remarquer

Que dans la première colonne on ne dit pas ce qui est *frappé*, et qu'ainsi *frappé* reste *invariable ;*

Que par la raison contraire, il varie dans la seconde pour s'accorder avec *moi, toi, elle, lui, nous, vous, eux* ou *elles;* car *c'est moi qui serai frappé*, etc.

Une femme dirait : *c'est moi qui serai frappée.*

j'ai *frappé* la tête.	c'est la tête que j'ai frappée.
c'est moi qui ai *frappé* la tête	c'est toi que j'ai frappé
tu as *frappé* la tète	c'est moi que tu as frappé
elle a *frappé* la tête	c'est elle qu'il a frappée
nous avons *frappé* la tête	c'est vous que nous avons frappés
vous avez *frappé* la tète	c'est nous que vous avez frappés
elles ont *frappé* la tête.	ce sont elles qu'ils ont frappées.

Dans la 1re. colonne, le participe *frappé* est nommé et écrit avant le substantif *tête;* le substantif arrive trop tard; *point d'accord.*

Dans la seconde, les objets *frappés*, c'est la *tête*, c'est *moi*, c'est *toi*, c'est *nous*, c'est *vous*, ce sont *elles;* et ces substantifs sont nommés avant le participe; *accord.*

je me suis *frappé* la tête,	c'est la tête que je me suis *frappée*,	c'est à la tête que je me suis *frappé*,
tu t'es *frappé* la tête,	c'est la tête que tu t'es *frappée*,	c'est à la tête que tu t'es *frappé*,
elle s'est *frappé* la tête,	c'est la tête qu'il s'est *frappée*,	c'est à la tête qu'elle s'est *frappée*,
nous nous sommes *frappé* la tète.	c'est la tête que nous nous sommes *frappée*.	c'est à la tête que nous nous sommes *frappés*.

Dans la 1re. colonne, qu'est-ce qui est *frappé?*... C'est la tête, mais le mot est après le participe, *pas d'accord.*

Dans la seconde, qu'est-ce qui est *frappé?* — La *tête :* or, le mot *tête* est nommé avant le participe; *accord.*

Dans la 3e., on ne doit pas demander où l'on s'est *frappé*, mais qui est-ce qui est *frappé*, l'on répond : *moi, toi, lui, nous*, et ces mots sont avant; *accord.*

Vu, entendu, laissé, suivis d'un infinitif.

1 La femme que j'ai *vue* peindre peint très-bien.	Qu'est-ce qui est *vu ?* La femme peindre, ou la femme qui peignait.

2 La femme que j'ai *vu* peindre est très-bien peinte.	Qu'est-ce qui est *vu ?* — Peindre une femme, ou qu'on peignait une femme.
1 L'actrice que j'ai *entendue* chanter chante mal.	Qui est-ce qui est *entendu ?* —L'actrice chanter, ou qui chantait.
2 La chanson que j'ai *entendu* chanter me déplaît.	Qu'est-ce qui est *entendu ?*— Chanter la chanson, ou qu'on chantait la chanson.
1 C'est ta voisine que tu as laissée mourir.	Qui est-ce qui est *laissé ?* — La voisine mourir, ou qui mourait.
2 je l'ai laissé enterrer.	Qu'est-ce qui est *laissé ?* — enterrer elle, ou qu'on enterrât elle.

Dans les phrases n°. 1 , c'est la femme qui est *vue*, l'actrice qui est *entendue*, la voisine qui est *laissée*. Ces substantifs sont avant ; *accord*.

Dans les phrases n°. 2 , ce qui a été *vu, entendu, laissé*, c'est peindre une femme, chanter une chanson, enterrer une voisine ; or, les infinitifs *peindre, chanter, enterrer* sont après ; *point d'accord*.

Et même fussent-ils avant les participes , ils resteraient invariables, car les infinitifs ne sont d'aucun genre.

eu suivi de *à* et d'un infinitif.

Voilà les procès que j'ai *eus* à soutenir.	Qu'est-ce qui est *eu ?* — Les procès à soutenir.
Où sont les obstacles que vous avez *eus* à vaincre ?	Qu'est-ce qui est *eu ?* — Les obstacles.

Autres circonstances.

Voilà les modèles que je me suis *proposé* de suivre.	Qu'est-ce qui est proposé ? —De suivre, etc.
Nous avons vaincu.	Qu'est-ce qui est vaincu ? — On ne le dit pas.
Vous avez langui.	Qui est-ce qui est *langui ?* — Cela ne se dit pas.
Ils ont paru.	Qui est-ce qui est *paru ?* — Cela ne se dit pas ; point d'accord.

Multipliez les exemples des participes dans toutes leurs sortes de constructions, et faites toujours faire la question *qu'est-ce qui est* (jamais *qu'est-ce qui a*). La réponse décidera de l'accord ou du non accord du participe. On trouve dans notre cours de langue française , plus de 300 exemples , pris dans les auteurs, tous résolus par le même procédé.

INSTRUCTION

SUR LE PANTOGRAPHE ET SA CLÉ.

Copie du Pantographe, 1re., 2e. *et* 3e. *Face.*

b	bb	br	A	à	à	L	ll	ill	IN	1	im	ain
p	pp	pr	E	ë	es	M	mm	me	O	2	ô	au
d	dd	dr	EU	eux	œu	N	nn	gn	OI	3	ois	oit
t	tt	tr	I	î	ï	R	rr	rh	ON	4	om	ond
v	w	vr	ICE	ir	if	Z	x	ch	OU	5	out	oux
f	ff	fr	É	ée	ez	S	ss	se	U	6	û	ü
j	j'	je	È	ê	ei	Ç	c'	c'est	AN	7	am	en
gé	2	3	ÈS	el	eil	CÉ	8	9	And	8	1	2
g	gg	gr	ET	ette	elle	C	cc	cr	Ans	9	8	9
je	tn	il	AI	as	a	Nous	vous	ils	Ons	o	ez	ent

Observations.

1°. Ce tableau renferme dix lignes, divisées en treize colonnes écrites. Chaque ligne figure treize *dés;* total 130 *dés.* La onzième est remplie par les chiffres 1, 2, 3, 4, 5, 6, 7, 8, 9, 0.

2°. La 4e., la 7e. et la 10e. colonne sont écrites dans le tableau en capitales. Dans le pantographe, les *dés* de ces trois dizaines sont jaunes.

Ainsi les capitales ou le jaune distinguent le second ternaire par son dé initial A ; le troisième ternaire, par son dé initial L ; et le quatrième, par son dé initial IN ; ainsi de suite dans les neuf lignes suivantes.

Par l'effet de cette distribution des dés en ternaires, et de la facilité qu'on a de les distinguer, on voit de suite que la colonne A, E, etc., marque 4, 14, 24, 34, 44, 54, 64, 74, 84, 94; que les dés de la colonne suivante sont nécessairement 5, 15, 25, etc. ; que les dés de la colonne L sont 7, 17, 27, etc., et que les 10 dés de la colonne IN sont 10, 20, 30, etc., 100.

3°. La onzième colonne coupe le quatrième ternaire en deux parts inégales, laissant à gauche le dé IN, et repoussant à droite les deux autres dés *im, ain*.

L'avantage de cette onzième colonne est triple :

Premièrement, elle donne les dix chiffres 1, 2, 3, 4, 5, 6, 7, 8, 9, 0, dont plus tard on aura besoin ;

Secondement, elle numérote les lignes et les dizaines ;

Troisièmement, elle délimite les 100 dés qui la précèdent, nombre qui rendra faciles la numération et toutes les opérations du calcul.

4°. Avant cette 11e. colonne, on a laissé dans ce tableau une colonne blanche, et dans le pantographe un vide.

Ce vide donne la facilité de pousser les dés de gauche à droite, ce qu'on fait lorsqu'on veut marquer un nombre quelconque depuis 1 jusqu'à 100. Soit, par exemple, le nombre 47, on pousse à droite les trois dés *x, ch* et *ou*, et 47 reste à découvert ; savoir, les 7 unités, dont la dernière est Z ; et les 4 dizaines, dont la dernière est 4, ou la 4e. indiquée par le dé ON.

5°. Chaque dé a six faces presque toujours écrites ; par exemple :

le dé *b* a sur sa 1re. face *b*.

sur sa 2e. . . *bb*.

sur sa 3e. . . *br*.

sur sa 4e. . . *bl*.

sur sa 5e. . . *be*.

la 6e. est restée en blanc.

Le deuxième dé *bb* est le même que le précédent, seulement il montre dans le tableau et dans le pantographe sa seconde face, tandis que le premier *b* montre la première.

Le troisième dé *br* est aussi le même que les deux précédents.

Ce triple emploi était nécessaire pour faciliter la composition des mots.

Ce tableau, non plus que le pantographe, ne montre que les trois premières faces des dés, les trois autres restent cachées : l'usage les a bientôt apprises.

6°. Les dés de la onzième colonne ont aussi, chacun, six faces, dont la dernière est restée en blanc. Les cinq premiers dés marquent chacun 1, 2, 3, 4, 5, et les cinq autres 6, 7, 8, 9 et o ; mais il n'y a qu'une de ces faces qui soit visible sur le pantographe et le tableau.

Nota essentiel. C'est toujours dans l'ordre du tableau *b*, *bb*, *br*, etc., qu'il faut ranger les dés dans le pantographe. D'après cette disposition constante, chaque dé représente un nombre : par exemple Z représente 47 ; nous raisonnons dans la supposition des 100 dés délimités par les blancs et les chiffres.

7°. La totalité des dés (non compris les dix chiffres) se divise en cinq sections.

La première est formée,

Par les 27 dés,

b   *bb*   *br*

p   *pp*   *pr*

d   *dd*   *dr*

g   *gg*   *gr* est le dernier ternaire de cette section.

La seconde est formée par les 27 dés,

A   *â*   *à*, premier ternaire de la deuxième section,

ET *ette* *elle*, dernier ternaire.

La troisième est formée par les 27 dés,

L   *l*   *il*, premier ternaire de cette section,

C   *cc*   *cl*, dernier ternaire.

La quatrième est formée par les 27 dés,

IN *im* *ain*, premier ternaire de cette section,

A*ns* *amp* *ens*, dernier ternaire.

La cinquième section est formée par la dixième ou dernière ligne du tableau,

je   *tu*   *il*, etc. ; elle est consacrée à la conjugaison.

USAGE DU PANTOGRAPHE.

1°. Pour la lecture,
2°. Pour l'orthographe,
3°. Pour la numération et le calcul.

CHAPITRE PREMIER.
Usage du Pantographe pour la lecture.

Lorsque l'enfant connaît les figures du cours de lecture, et qu'il sait les quatre premiers contes, on peut commencer à faire usage du pantographe ; on doit se borner à copier.

13

Soit , par exemple , le titre du quatrième conte *raton sauvé :*

On prend 1°. le dé *r* . . . .
2°. le dé *a* . . . .
3°. le dé *t* . . . .
4°. le dé *on* . . . .

et l'on a , et on lit *raton.*

On prend de même les quatre dés *s au, v ,* et *é.*

On décompose le premier mot *raton ,* et l'on remet les dés en place , les mêmes faces restant visibles.

L'enfant essaie de le recomposer ; au besoin, on l'aide ; on procède de même à l'égard du mot *sauvé.*

On sent combien cet exercice est important pour montrer la composition et la décompositon des mots en syllabes et en lettres , pour rendre sensibles, palpables et matérialiser les parties qui les constituent.

Mais pourquoi , pour former *raton sauvé ,* a-t-on pris d'une seule fois *on* et non pas *o,* puis *n , au* et non pas *a u ?*

C'est comme si l'on demandait pourquoi le pantographe a imité ce qui se passe dans la lecture ? Est-ce que dans *raton* on entend un *o* et puis un *n ,* ou que dans *sauvé* on entend le son de *a* et celui de *u ?*

Soit *dandin, dandine, dandinet ,* page 63 du *Cours de lecture;* quoique l'enfant ait été accoutumé à ne faire qu'un tout indivisible de *an,* un autre également indivisible de *in ,* il est tenté de décomposer ces assemblages ; mais s'il fait cette faute , c'est-à-dire qu'après le premier *d* il prenne un *a,* ou qu'après le second il prenne un *i ,* on l'arrête tout court, en disant : cela fait *da ,* cela fait *di ,* et on lui montre le dé *an* ou soixante-dixième, et le dé *in* ou dixième.

Arrivé à *dandine ,* il va croire qu'ayant pris *in* pour *dandin ,* il faut aussi prendre cet assemblage pour *dandine ;* mais on lui fait remarquer que d'abord cela ferait *dandin,* tandis que c'est le son *i* et le son *ne* qui sonnent dans *dandine;* il fera donc *dandine* avec cinq dés ; savoir , *d..an. d..i..ne;* il trouve ce *ne* dans la 4ᵉ. face du dé.

Il apprend donc , par l'effet d'une douce pratique, que la voyelle qui suit les assemblages *an , in , on ,* etc. , décompose ces assemblages.

Autre avantage du pantographe pour la lecture.

Le cours de lecture n'a que 68 figures , et n'a guère plus de lettres et assemblages, le pantographe en a quatre à cinq fois plus : par exemple, il y a de plus *ff, fr, fl, ant , ent , and , end , ang ,* etc. ; les formes nouvelles sont rattachées aux

68 formes déjà connues. Le pantographe doit donc hâter considérablement les progrès dans la lecture.

Il est d'ailleurs de fait que jamais l'enfant ne s'ennuie avec le pantographe, et qu'il prend un plaisir toujours renaissant à composer, décomposer des mots et des phrases, à remettre les dés en place.

Lorsque l'enfant

copie avec facilité, et qu'il a acquis l'habitude du pantographe, on prend le dé *b*, c'est à dire *b*, première face , et on le place devant la seconde section *a*, et les huit sons-voyelles suivants, et on lui fait dire :

ba, *be*, *beu*, *bi*, etc.

puis devant la quatrième section, et il dit :

bin, *bo*, *boi*, *bon*, etc.

Ensuite on tourne la seconde face *á*, *ë*, *eux*, *im*, *ó*, *ois*, etc., et l'enfant dit : *ba be beux bim*, ainsi de suite.

La seconde face du dé *b* étant *bb*, qui jamais n'est initial, on passe à la troisième *br*, et l'on dit *bra*, *bre*, *breu*, *brin*, etc. On fait la même opération avec les autres consonnes.

Par l'effet de cet exercice, on fait passer en revue à peu près toutes les syllabes possibles, de sorte que dans la lecture des livres il ne peut plus rien se trouver de nouveau.

CHAPITRE II.

Usage du Pantographe pour l'orthographe.

L'usage qu'on a fait du pantographe pour la lecture a déjà donné de nombreuses connaissances orthographiques.

Pour se rendre entièrement maître de cet art si difficile, il faut lire, copier et recopier les colonnes de mots distribués dans la clé du pantographe.

Soit le premier dé :

b, *bb*, *br*, *bl*, *be*. »

La première face *b* est l'orthographe ordinaire, la seconde *bb* est une exception. Or, la clé du pantographe donne ce tableau :

Deuxième face, *bb*.

abbé ,	Gibbon ,	
abbesse ,	rabbin ,	} seuls mots où *b* se double.
gibbeux ,	Sabbat ,	

L'élève copie donc ces mots ; on lui fait remarquer qu'*abbaye*, *abbatial*, *Abbe-ville*, *gibbosité*, *rabbinisme*, *sabbatique* suivent la même analogie et doublent aussi cette lettre.

La 3ᵉ. et 4ᵉ. face *br* et *bl* ne sont que des moyens de faciliter la composition des mots, et ne présentent aucune difficulté orthographique.

La 5ᵉ. face *be* est l'orthographe ordinaire de la finale comme dans *syllabe*, *robe*, etc.

Les exceptions sont :

ab irato	club	Job
Achab	Jacob	rob (un
Caleb	Joab	

L'enfant copie ces mots.

On parcourt ainsi les trente-six dés et leurs quatre, cinq ou six faces, et l'on épuise nécessairement toutes les difficultés : d'où résulte un cours complet d'orthographe.

Rien n'a pu échapper dans une semblable énumération des parties; chaque difficulté, chaque observation, chaque règle, chaque exception ont une place fixe, qu'il est toujours facile de retrouver.

Il faut que l'élève écrive avec les dés du Pantographe, et s'exerce beaucoup avec cet instrument. L'écriture ordinaire, qui devra aussi être employée, est bien moins efficace que celle-ci pour hâter les progrès de l'orthographe.

Car, supposons qu'on ait à écrire *chaudeau*; la plume décompose ce mot d'une manière funeste pour la mémoire, elle isole ce qui devrait rester uni. Elle écrit huit lettres là où il n'y en a réellement qu'une qui se prononce d'après sa valeur individuelle.

Le Pantographe forme le mot par quatre prises :

ch..... au..... d.... eau,

et ne sépare point ce que l'œil voit uni ; ce qui, pour la parole, est un, un pour l'oreille. La mémoire retient facilement ces unités complexes, *ch*, *au*, *eau*, parce que l'œil, la bouche, l'oreille, sont en harmonie, et que tout coïncide vers un même but.

Remarques importantes.

1°. Ne dictez rien à votre élève, il ferait nécessairement des fautes d'orthographe, et le tableau que présenterait son travail serait de la *cacographie*. C'est par les yeux et en composant des mots qu'on apprend l'orthographe. Lorsqu'on a vu un mot imprimé, et qu'on l'a écrit, l'œil ne peut le voir écrit autrement sans être choqué, et la main se refuse à l'écrire avec d'autres caractères. Si donc j'ai vu le mot *café* écrit par deux *f*, ou si je l'ai écrit ainsi, voilà une double empreinte qu'il n'est pas facile de détruire. Je sais que le corrigé vient ensuite. Plaisante manière pour apprendre à peindre un Apollon, que de présenter un boiteux, un bossu avec un œil poché et de grandes oreilles !

2°. Aussitôt que l'enfant est capable de tenir la plume, il faut qu'il s'en serve pour convertir en écriture manuelle l'écriture pantographique.

Le pantographe écrit *chaudeau* par le moyen des quatre dés *ch... au... d... eau*, et imite, autant que possible, le procédé de la lecture ; car dans la lecture ce n'est pas un *c*, un *h*, un *a*, un *u* qu'on prononce, ni *c... a... u*. Ch, quoique composé de deux lettres, n'est en effet qu'un signe, il en est de même de *au, eau;* ô donnerait le même son.

Mais la plume vient et décompose ce que l'oreille et la raison avaient uni, ce que l'œil lui-même s'était accoutumé à unir ; *chaudeau* n'a que quatre éléments pour le pantographe, il en a huit pour la plume.

L'eau courbe le bâton, la raison le redresse.

Mais puisqu'enfin il faut écrire, il faut de toute nécessité que le bâton soit courbé. Le cours de lecture et le pantographe ont fourni les moyens de le redresser.

Notre malheureuse écriture, en contradiction manifeste avec la lecture, décompose, morcèle ce qui devait rester uni ; mais le cours de lecture et le pantographe ont montré le bâton tel que la raison l'a fait et l'a vu ; il n'y a plus de danger.

Celui qui n'aurait été exercé qu'avec le pantographe serait trop dérouté quand il écrirait avec la plume ; il faut donc faire marcher ensemble les deux genres, en commençant toujours par le pantographe.

CHAPITRE III.

De l'usage du Pantographe pour la numération et le calcul.

Il n'y a que des individus dans la nature, dit Condillac ; il n'y a donc que des unités dans le calcul.

Et même, ces unités ne peuvent être conçues que comme des objets réels, susceptibles d'être vus, touchés ; c'est *un* dé, c'est *un* livre, c'est *un* cheval, l'unité abstraite ne présenterait aucune idée à qui n'aurait pas vu l'unité dans tel ou tel objet réel.

Deux est un mot inventé pour désigner *un* plus *un;* trois pour désigner *deux* plus *un*. Mais ces groupes d'unités ne peuvent non plus être conçus que dans des objets réels, comme *deux* ou *trois* dés, *deux* ou *trois* pommes. Faire répéter à l'enfant 2, 3, 4, 5, 6, 7, 8, 9, 10, 20, 30, 40, 50, etc., ou lui faire dire que 9 fois 9 font 81 sans lui avoir montré les groupes correspondans d'unités réelles, c'est le prendre pour un automate, et lui remplir la tête de mots qui sont pour lui sans idée.

Le pantographe

est un instrument précieux pour donner l'idée des nombres et de leurs combinaisons diverses :

1°. Parce qu'il renferme un tableau de cent dés convenablement divisés par dizaines ;

2°. Parce que toutes les unités similaires de chaque dizaine sont placées les unes sous les autres, et forment autant de lignes verticales : ainsi, par exemple, en prenant le premier dé *b*, et en descendant, on a 1, 11, 21, 31, 41, etc. ;

3°. Parce que toutes les dizaines ont la même distribution, et que chacune est coupée horizontalement en quatre parties, distinguées b, bb, br A, â, à L, ll, il IN, ainsi de suite.

Voir le tableau, page 95, pour les autres lignes.

Par l'effet de cette distribution, tout est démêlé, et l'on distingue à l'instant le dé cherché : par exemple, le 7e., le 17e., etc. ; car on sait que les sept sont des dés jaunes, et qu'ils commencent le 3e. ternaire.

4°. Parce que les 100 dés montrant chacun une face écrite, toujours à découvert dans le pantographe, tous les nombres se trouvent marqués depuis 1 jusqu'à 100. Par exemple, *ice* étant le 4e. dé de la cinquième ligne, et nécessairement le 44e., *z* sera le 47e. ; c'est-à-dire qu'arrivé au dé Z, lui compris, on a 47 dés, et que Z en est le dernier.

5°. Parce que tous les dés étant mobiles, non seulement sur leurs six faces, mais de gauche à droite, on peut marquer d'une manière fixe tous les nombres, depuis 1 jusqu'à 100.

Si, par exemple, je dis neuf fois 9 font 81, je repousse à droite le dé *gg*, et avec lui ceux qui le suivent ; le dé *g* reste isolé à gauche, ce qui fait *un*. En dessus, il y a huit dizaines bien marquées ; total, 81. Or, le dé *g* marquera toujours 81, chacun des autres dés indique de même un nombre constant.

Mais nous supposons toujours qu'on a isolé ou même ôté les onzièmes, les douzièmes et les treizièmes dés, et qu'on n'opère qu'avec les 100 dés.

1er. EXERCICE.

On isole le dé *b* en repoussant les neuf autres dés à droite, et l'on dit en touchant ce dé : voilà *un* dé.

On isole de même les deux premiers dés *b*, *bb*, et l'on dit en touchant les deux dés :

Voilà *deux dés*, ainsi de suite jusqu'au dé IN.

2e. EXERCICE.

On fait nommer les dix dés en cette sorte :

Un dé, voilà deux dés, voilà trois dés, etc.,

En isolant un dé, deux dés, puis trois dés, etc., et en montrant, une à une, toutes les unités qui composent chaque groupe.

Ensuite on montre à l'enfant tel ou tel des dix dés, par exemple le dé L; il répondra que c'est le 7e. dé, qui, avec les six dés qui précèdent, fait 7 dés.

3e. EXERCICE.

On passe à la seconde dizaine ; et on fait remarquer que prise isolément ce n'est que la répétition de la première, mais que, si l'on veut joindre les dés de cette nouvelle dizaine à ceux de la première, il faut répéter le mot *dix*. Ainsi *un* ne sera plus simplement *un*, ce sera un ajouté à dix, ce que nous appelons *onze*. Mais il faut garder pour quelques moments ce mot pour soi, et faire dire à l'enfant

Dix-un à la vue du dé *p*,

Dix-deux à la vue du dé *p p*,

Dix-trois à la vue du dé *pr*,

Dix-quatre à la vue du dé E,

Dix-cinq à la vue du dé *ë*,

Dix-six à la vue du dé *es*,

Dix-sept à la vue du dé M, etc.

On fera observer qu'à la place de *dix-dix* on dit *vingt*, qui signifie deux fois dix.

4e. EXERCICE.

On passe à la troisième dizaine, qui commence par le dé *d*, et finit par le dé *oi*.

On montre les deux premières dizaines et l'on dit *vingt*, ensuite à *vingt* on ajoute *un*, et l'on dit *vingt et un* ; arrivé au dernier dé de la troisième dizaine, on a vingt plus *dix* : on fait observer qu'au lieu de *vingt et dix,* qui signifierait deux dizaines et une dizaine, on dit plus courtement *trente,* qui veut dire *trois dizaines.*

5e. EXERCICE.

Il consiste à continuer la numération jusqu'à 60 inclusivement.

1°. Cela étant fait, on exerce l'enfant à compter de suite depuis 1 jusqu'à 60, et à décompter depuis 60 jusqu'à 1 ;

2°. Ensuite à faire les deux mêmes opérations, d'abord par les nombres impairs 1, 3, 5, 7, 9, etc. , et 59, 57, 55, 53, 51, etc. ; il montre 1, 3, 5, etc., sur le pantographe, et apprend ainsi quels sont les nombres impairs. Il procède de même pour les nombres pairs, 2, 4, 6, 8, etc. , 60, 58, 56, etc.

3°. On lui montre le dé Z ou tout autre indistinctement, et on lui demande qu'est-ce que ce dé ? Il répond, c'est le quarante-septième, et qu'en prenant ce dé avec tous ceux qui précèdent, cela fait quarante-sept dés.

6e. EXERCICE.

On consacre une séance à exercer l'enfant à dire :

onze au lieu de dix-un,

douze au lieu de dix-deux,

treize au lieu de dix-trois,

quatorze au lieu de dix-quatre,

quinze au lieu de dix-cinq,

seize au lieu de dix-six.

7e. EXERCICE.

On compte depuis 60 à 79.

soixante-un , etc.	soixante-quinze,
soixante-dix,	soixante-seize,
soixante-onze,	soixante-dix-sept,
soixante-douze,	soixante-dix-huit,
soixante-treize,	soixante-dix-neuf.
soixante-quatorze,	

Cette étrange violation d'analogie n'est que dans le langage, lorsque les nombres sont exprimés par des mots ; mais elle est de plus en contradiction avec les signes, quand on écrit 70, 71, etc.; car le 7 exprime d'une seule fois l'idée de 7 dizaines, tandis qu'en parlant on dit 6 *dizaines* (ou 60) et *une dizaine.*

8ᵉ. EXERCICE.

Après soixante-dix-neuf on dit *quatre-vingt*, et l'on continue ce nom jusqu'à *quatre-vingt-dix-neuf*, au-delà de quoi on a *cent.*

Chacun de ces mots traduits par un chiffre donne 4...20...10 et 9, tandis qu'il faut écrire 99 ; car c'est en effet 9 dizaines et 9 unités.

On fera remarquer qu'on a créé un mot pour signifier dix dizaines, que ce mot est *cent;* que cent est le dé *ons*, avec les 9 dés qui précèdent ; ce qui fait une dizaine ; ce qui, ajouté aux 9 autres, comprend la totalité des dés, depuis *ons* jusqu'à *b*, ou depuis *b* jusqu'à *ons*, dont se compose le nombre *cent.*

9ᵉ. EXERCICE, *ou Répétition générale.*

C'est le même exercice que le cinquième, mais appliqué à la totalité du tableau.

10ᵉ. EXERCICE.

Avec deux chiffres on pourrait faire le nombre dix de cinq façons, en cette sorte :

9	8	7	6	5
1	2	3	4	5

On fera faire cet exercice avec deux groupes de dés, en cette sorte :

On fera faire de même avec deux groupes de dés le nombre 9, puis le nombre 8, etc.

Cet exercice donne une étonnante facilité pour l'addition, la soustraction.

On voit, par exemple, que, si à 7 dés on en ajoute 3, on a dix, et que si de dix on ôte trois, il reste 7. Plus tard on fera cet exercice avec des chiffres.

14

11ᵉ. EXERCICE. (*Addition.*)

On dit : marquez 13, l'enfant pousse à droite le dé E, et 13 dés restent à découvert. Le dernier est *pr;* si ensuite on fait marquer 9, l'enfant compte 9, en partant du dé *pr*, arrive au dé *dd*, et pousse à droite les dés qui suivent.

Il a nécessairement 22, savoir, deux dizaines plus deux unités; d'ailleurs, il ne peut arriver à *dd* sans avoir 22.

Si on lui donne encore 9, il arrivera au dé *t*, c'est-à-dire à 31.

Autre addition.

45 et 15.

L'enfant marque 45 en isolant le dé *ir*, c'est-à-dire en repoussant à droite le dé *if* et suivants. Ensuite il complète la cinquième dizaine par cinq, et ajoute une dizaine, ce qui le mène au dé *u* ou à 60; c'est tout compté.

Il suffit, dans le pantographe, de marquer les nombres qu'on doit additionner, et l'addition est faite; on voit tout-à-la-fois les parties et le tout, d'abord 45 puis 15, ce qui amène pour dernier dé le dé *u*, qui est le soixantième.

12ᵉ. EXERCICE. (*Soustraction.*)

Répétez l'exercice 10, et vous aurez 10 soustractions à faire.

de 10 ôtez 1, il reste 9
de 10 ôtez 9, il reste 1
de 10 ôtez 2, il reste 8
de 10 ôtez 8, il reste 2, etc.

Le même exercice 10 fournit aussi dix additions à faire.

Suite.

On demandera qui de 13 dés ôte 5 dés, combien reste-t-il?

On isole dans la 2ᵉ. dizaine le dé *pr*, et dans la 3ᵉ., le dé *eux*.

D'un côté, on a 13 et de l'autre 5; en comparant 3 à 5, on voit qu'il y a un excédant de deux, et que si on ôte ces deux sur la dizaine il ne reste que 8 dés.

En rétablissant les 5 dés ôtés, on aurait de nouveau 13.

REMARQUES GÉNÉRALES

sur l'addition et la soustraction.

On sait :

$$\text{qu'en ajoutant } 10 \begin{cases} \text{à 10 on a 20} \\ \text{à 20 on a 30} \\ \text{à 30 on a 40} \end{cases} \text{ainsi de suite.}$$

$$\text{qu'en ajoutant } 10 \begin{cases} \text{à 11 on a 21} \\ \text{à 21 on a 31} \\ \text{à 31 on a 41} \end{cases} \text{ainsi de suite.}$$

Partant de là, si, à l'un des nombres 2, 3, 4, 5, 6, 7, 8, 9, on a le nombre 9 à ajouter, il faut agir comme si l'on avait le nombre 10, puis on retranche un par la pensée.

Ainsi, par exemple, au lieu de dire 8 et 9 font 17, on dira 8 et 10 font dix-huit ; retranchez un, reste 17 ; 17 et 9 font 27 moins 1, etc.

On agit de même pour 8 ; mais au lieu de retrancher un, on retranche deux. Ainsi 8 et 8 font 20 moins deux fois 2, c'est-à-dire moins 4, reste 16. Pour le 7 ainsi que pour les nombres inférieurs, on complète d'abord la dizaine.

Par exemple, si l'on a 8 et 7, on dit 8 et 2 font 10, et puis 10 et 5 font 15. Si de 15 on avait eu à ôter 7, on aurait ôté 5, resterait une dizaine, dont il faudrait retrancher 2 : donc qui de 15 ôte 7 reste 8.

13ᵉ. EXERCICE (*sur le livret*).

Pour le deux,

On isole deux groupes de dés :

□ □   □ □ et l'on voit que cela fait □ □ □ □ ou quatre dés.

Pour le trois,

On isole d'abord deux groupes de trois :

□ □ □   □ □ □ et l'on voit que cela fait six, c'est ce que marque le dé *à* ou 6ᵉ. dé.

On isole ensuite trois groupes semblables :

□ □ □   □ □ □   □ □ □ et l'on voit que cela fait neuf.

Pour le nombre quatre,

On fait d'abord deux groupes de quatre :

□ □ □ □ □ □ □ □ et l'on voit que cela fait 8.

Puis on fait trois groupes semblables :

□ □ □ □ □ □ □ □ □ □ □ □, on voit que cela fait douze.

Enfin on fait quatre groupes, et l'on trouve 16.

Pour le nombre cinq,

On fait d'abord deux groupes de 5, puis 3, puis 4, et enfin 5 groupes de 5.

On fait remarquer que deux groupes font une dizaine, que par conséquent quatre fois 5 font deux dizaines ou 20.

Pour le nombre six,

On fait successivement d'abord deux groupes de 6 dés, puis 3, puis 4, puis 5, et enfin 6 groupes semblables.

Ici, comme ailleurs, le dé du dernier groupe donne le nombre total ; car, par exemple, trois groupes de 6 mènent au dé *mm*, qui est le dix-huitième du pantographe centicube.

Pour le nombre sept,

On prend de même 2, 3, 4, 5, 6 et 7 groupes de 7.

On dit deux fois 7, on voit que c'est 14 ou une dizaine et 4.

Trois fois 7, on voit que c'est 21, c'est-à-dire deux dizaines et une unité.

Le septième groupe mène au dé *ch*, qui est le 49e. dé : ainsi sept fois 7 font quatre dizaines et 9, ou 49.

Pour le nombre huit,

On procède de même, ou bien de la manière suivante :

On prend deux dizaines, ce qui fait 20 moins deux fois 2, et l'on a 16.

On prend trois dizaines, on ôte trois fois 2, reste 24 ; ainsi de suite.

Pour huit fois 8, on prend huit dizaines, et l'on ôte huit fois 2, c'est-à-dire 16, reste 64. C'est sur le pantographe qu'on fait ces retranchements.

Pour le nombre neuf,

C'est encore plus aisé que pour le *huit*.

J'ai neuf fois 9, je dis neuf fois 10, c'est 90, mais si j'ôte 9 fois un dé dans la dernière dizaine, j'arrive au dé *g*, qui est le 81e. ; car il est précédé de huit dizaines, auxquelles étant ajouté il donne le nombre 81.

14ᵉ. EXERCICE.

L'exercice précédent étant répété plusieurs fois, et l'élève pouvant dire sans hésiter quel nombre forme 6 multiplié par 5, etc. etc., on peut prendre les dés sur lesquels sont écrits les chiffres

$$1, \quad 2, \quad 3, \quad 4, \quad 5, \quad || \quad 6, \quad 7, \quad 8, \quad 9, \quad 0,$$

et montrer, par exemple, que le chiffre 7 a été inventé pour désigner 7 dés ou 7 autres choses quelconques, ainsi de suite des autres chiffres.

15ᵉ. EXERCICE. (*Multiplication.*)

Pour multiplier avec le pantographe plusieurs lettres par une ou plusieurs lettres, comme par exemple, 45 par 7, on procède ainsi :

> On prend pour le multiplicande (45) les dés   A â
>
> Et pour le multiplicateur (7) le dé. . . .   L
> ___________________________

et l'on dit : 7 fois *á* (c'est–à–dire 7 fois 5) font 35, c'est-
à–dire 5 unités et 3 dizaines, on retient
les 3 dizaines dans sa mémoire, et pour les
5 unités on pose le dé. . . . .

puis on dit : 7 fois A (c'est–à–dire 7 fois 4) font 28,
ce qui, avec les 3 retenus, fait 31, et l'on
pose le dé. . . . .

et on avance le dé. . . . .*br* *b*   *ë*

ce qui signifie en chiffres.   3   1   5

Nota. On adopte la dernière ligne, *je, tu*, etc. pour marquer les retenues.

Il est aussi aisé de se servir des lettres que des chiffres, lorsqu'on a remarqué et bien retenu que toute la première colonne verticale marque des *un*, toute la seconde des *deux*, toute la troisième des *trois*, que la quatrième colonne marque des *quatre*, et que la dixième remplace les zéros.

On voit qu'il n'importe dans quelle ligne horizontale on prend un dé, que par exemple le chiffre 2 est également représenté par les dés bb, pp, dd, tt, etc., et le 8 par les dés ll, mm, nn, rr, etc., et qu'en effet la série des chiffres 1, 2, 3, 4, 5, 6, 7, 8, 9, 0 est répétée deux fois dans le pantographe centicube; ce qui rend possibles toutes les sortes de calculs.

On fera comprendre à l'enfant, par l'inspection du pantographe, que dix di-zaines font 100 unités; que par conséquent le pantographe centicube répété 2, 3, 4 fois, etc., fait 200, 300, 400 dés.

16ᵉ. EXERCICE. (*Division, fractions.*)

Partagez 8 dés ou 8 pommes entre quatre personnes. On fait ces deux groupes :

☐ ☐ ☐ ☐ ☐ ☐ ☐ ☐, *dividende,*

☐ ☐ ☐ ☐ . . . . . ., *diviseur.*

On voit que d'abord chaque personne a une pomme, qu'en continuant le partage, chacun peut encore en avoir une seconde : donc 8 divisé par 4 donne 2 pour *quotient*.

Si l'on avait 9 pommes à partager entre 4,

On verrait de suite qu'ils en auraient chacun deux et qu'il en resterait une à partager entre quatre, qui en auraient chacun la quatrième partie, ce qu'on appèle un quart.

Si l'on avait eu 10 pommes, chacun en eût eu deux, il en serait resté deux à partager entre quatre ; ce qui ferait de plus pour chacun, deux quatrièmes ou quarts, ou une moitié.

17ᵉ. EXERCICE.

Soient 100 objets à diviser successivement entre 2, 4, 8, 5, 10, 20, 3, 6, 12 personnes ; ceci nous donnera les parties aliquotes de 100, la *moitié*, le *quart*, le 8ᵉ., le 5ᵉ., le 10ᵉ., le 20ᵉ., le 1/3, le 6ᵉ. et le 12ᵉ. de 100, et le moyen de tout réduire au calcul décimal.

100 divisé par 2, ou la moitié de 100,
c'est 50, ou 5 dizaines ; ce que l'on marquera en isolant et partageant le pantographe centicube en deux moitiés, dont la première finit au dé OU, et marque 50.

100 divisé par 4, ou le quart de 100,
c'est 25 ; car si vous faites quatre parts des 100 dés du pantographe, l'une marquera 25.

100 divisé par 8, ou le 8ᵉ. de 100,
c'est 12 ; il reste 4 à partager entre 8.

J'en donne d'abord à chacun 10, et il me reste 20.

J'en donne encore 2 à chacun, ce qui fait déjà 12 ; il en reste 4 qui, partagé entre 8, donne à chacun quatre 8ᵉˢ. ou une demie.

100 divisé par 5, ou le 5ᵉ. de 100,
donne 20. *Vérifier sur le Pantographe.*

| 100 divisé par 10, ou le 10e. de 100, | } donne 10. |

100 divisé par 10, ou le 10e. de 100, } donne 10.

100 divisé par 20, ou le 20e. de 100, } donne 5. Coupez verticalement le Pantographe centicube, vous aurez à gauche 10 rangées de 5, autant à droite.

100 divisé par 3, ou le tiers de 100, } c'est 33 et 1 divisé par 3, c'est-à-dire un tiers.

En effet, divisez le pantographe en trois parts ; d'abord il y aura trois dizaines, pour chaque part, il restera une dizaine, ce qui donnera trois unités, et il en restera une à partager entre trois.

100 divisé par 6, ou le 6e. de 100, } est 16, il reste 4 à diviser par 6.

J'en donne une dizaine à chacune des 6 personnes ; reste 4 dizaines ou 40, qui donnent à chacun 6 unités ; car six fois 6 font 36, et il reste 4 à partager entre 6, ou quatre 6es., c'est-à-dire 2 tiers.

100 divisé par 12, ou le 12e. de 100, } c'est 8 et 4/12es.

Car je vois sur le pantographe que quatre fois 12 font 48, ou 50 moins 2, ou qu'encore autant font 100 moins 4.

Le 12e. de 100 est donc 8, plus 4 à diviser entre 12, c'est-à-dire, quatre 12es. ou un tiers.

18e. EXERCICE.

Soient une ½, ¼, ⅕, ¹/₁₀, ³/₂₀,
on demandera combien cela fait d'entiers.

Réponse : ½ c'est 50 centièmes,
¼ » 25 centièmes,
⅕ » 20 centièmes,
¹/₁₀ » 10 centièmes,
³/₂₀ » 15 centièmes,

TOTAL. . . . . 120 centièmes, c'est-à-dire 1 entier et 20 centièmes, ou 1 cinquième,

c'est ce qui peut se vérifier sur le pantographe.

Ici, notre tâche est finie ; c'est la connaissance des nombres concrets, tous composés d'unités visibles que nous devions donner.

Heureux ceux qui auront été instruits par cette méthode ! ils auront toute leur vie, en calculant, la conscience de ce qu'ils font ; et tout en parlant la langue des abstractions, ils se représenteront facilement les réalités qui leur ont servi de base.

On sent qu'il est temps de passer aux chiffres.

Le pantographe donne des moyens d'en expliquer la valeur.

CHIFFRES.

Le *Pantographe*, dernière édition, contient dix-huit dés pour les chiffres :

1°. Les dix, qui forment la onzième colonne ; chacun des cinq premiers donne sur les six faces 1, 2, 3, 4, 5 et 0.

Chacun des cinq autres donne les chiffres 6, 7, 8, 9 et 0 ; on voit que le zéro est sur les deux sortes.

2°. Quatre dés jaunes, mis à la suite des chiffres 8 et 9. Les deux premiers donnent les chiffres 1, 2, 3, 4, 5 et 6 ; ils servent comme les autres, et de plus pour les jeux de lecture. Ils servent aussi, comme les deux suivants 8 et 9, à marquer le diviseur et à le distinguer du dividende, etc.

3°. Quatre dés blancs, dont deux placés à la suite du dé GÉ, marquent 1, 2, 3, 4, 5 et 0, et deux placés après le dé CÉ marquent 5, 7, 8, 9 et 0.

Ces quatre dés, ainsi que les quatre jaunes, ont pu trouver place dans le *Pantographe*, parce que pour la composition, les dés GÉ, CÉ, AND, ANS, n'ont pas besoin d'être triples ni même doubles.

Si, lorsqu'on opère avec des chiffres, les dix-huit dés étaient encore trop peu, les neuf dés inférieurs 1, 2, 3, etc., pourraient être doublés par la seule manière de les placer. Par exemple,

Le nombre 3 6 7 8 9 5

pourrait être marqué ainsi : 3 − ᴎ ᴟ ᴕ 5.

D'où il résulterait que le même dé donnerait les dix chiffres ; car si aux dés couchés on ajoute 5, on aura 1 et 5, 2 et 5, 3 et 5, 4 et 5, c'est-à-dire 6, 7, 8 et 9.

FIN.

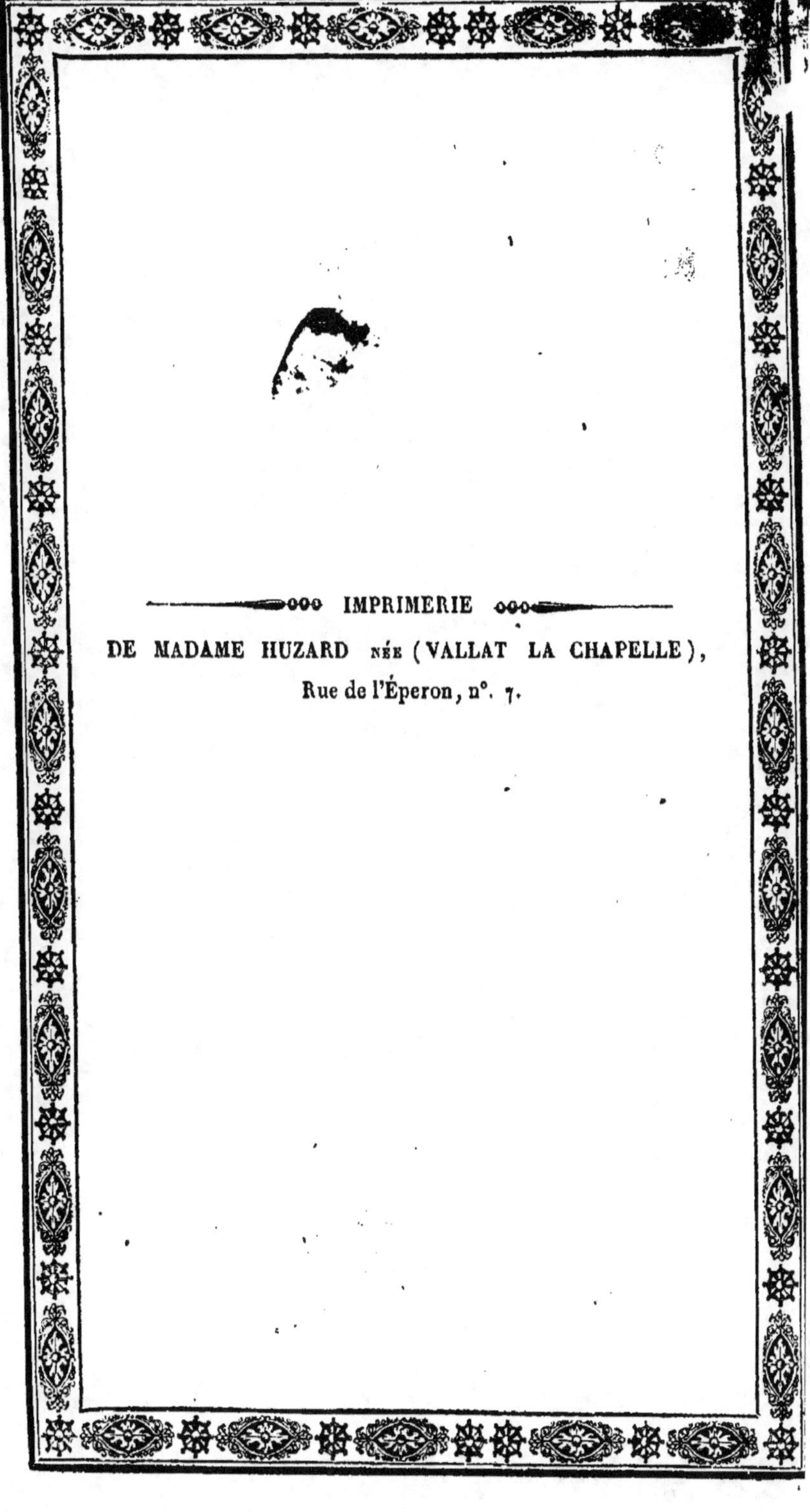

IMPRIMERIE

DE MADAME HUZARD née (VALLAT LA CHAPELLE),

Rue de l'Éperon, n°. 7.

www.ingramcontent.com/pod-product-compliance
Lightning Source LLC
LaVergne TN
LVHW021900170726
843503LV00003B/1330